U0040549

■ 漫畫 ■

邏輯思考的技術

—這樣思考不卡關 即刻掌握思辨能力與表達技巧

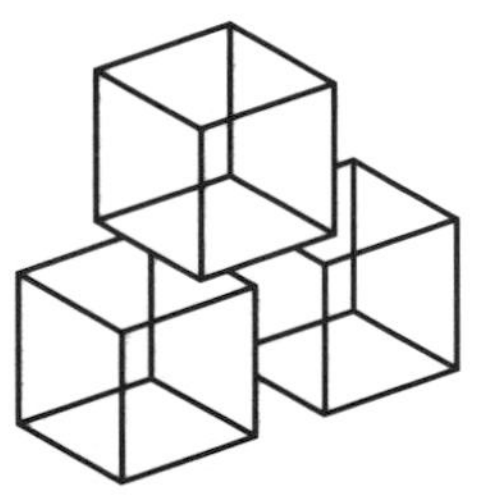

LOGICAL THINKING

DEGUCHI HIROSHI

出口汪——著 **設樂mina子**——繪 **謝承翰**——譯

漫畫 邏輯思考的技術 目次

前言

解決問題的殺手鐧

一提到「邏輯」，不知道各位對這個詞，抱持如何的印象呢？腦中是不是浮現了「冰冷生硬」、「一堆道理」、「有點難懂」、「很棘手」……等諸如此類的觀感。或許現在各位對它的印象不太好。然而，本書將以消除這類錯誤印象作為本書的終極目標。

所謂邏輯，即為愛

我們看待事情的角度，往往流於主觀。常常先主觀地解釋從外界接收到的資訊，再根據腦海內的先後順序主觀地口述這些資訊，或是將之書寫出來。過程當中，容易導致誤會叢生，乃至於無法正確表達自己的想法與感受。

但是，如果能善用「邏輯」這項共通的語言原則，就可以圓融地處理人際關係，也能與家人、戀人、朋友和同事相處愉快。

當彼此欠缺相互理解的基礎，但是又希望盡快建立該基礎時，我們就可以活用邏輯這項武器。不誇張地說，邏輯就是我們給予他者的「愛」。那麼為何邏輯這個詞彙會帶給各位「冰冷生硬」、「一堆道理」等偏頗的刻板印象呢？

當年《星艦迷航記》（Star Trek）這部美國影集曾經風靡一時，在日本也多次播放包含電影版在內的系列作品。而史巴克大使這位虛構的外星人可以說是劇中重要角色，由於他所屬的種族奉行「抑制情感，邏輯至上」的理念，因此他完全無法理解地球人的情感活動。在他看來，戀愛也是種不合理的行為。

史巴克的邏輯是以算數和符號組合而成，這使他能夠在沒有人類的世界當中暢通無阻（畢竟排除人類這種不合理的異端存在之後，世界上就沒有例外了），可說是純粹以數學、物理形塑而成的世界。

但是當我們在日常對話中導入邏輯概念時，面對的是有血有肉的人類，因此感覺一點也不生硬冰冷，反而應該有溫暖而柔軟的感受。而之所以要在日常對話中導入邏輯概念，目的是為了促成彼此相互理解，與史巴克大使的邏輯截然不同。

以邏輯重構世界

那麼，人類與其他動物的差別在哪裡？

動物靈智未開，終生活得渾沌糊塗。但是人類與動物不同，人類能夠透過語言表達諸般事物，進而打造秩序健全的社會，並於其中生活。

諸如「喜歡—討厭」、「明亮—黑暗」，乃至於「開心—乏味」等，我們的思考與情感全都與語言脫不了關係。可以說，邏輯也是整理這些感受元素的方法。

以這層意思來看，我們同時生活在物質空間與資訊空間中，而構成後者的元素正是「語言」。在導入邏輯之後，可以讓我們所生活的資訊空間變得更為縝密而有條理。

人生也因而會截然不同。

邏輯思考的三大基本原則

「邏輯思考非常難懂，只有得天獨厚的人才能學會」——我們常常會有這樣的誤解。

其實只要懂得使用本書所介紹的三大基本原則，亦即「等於關係」、「對立關係」、「因果關係」，就可以有效解決諸般問題。

邏輯思考其實就是單純的語言運用原則，無論是誰都可以靠後天學習而成，而且過程相當簡單易懂。

只要建立邏輯思考的能力，就可以同時學會會話、閱讀理解、思考、作文、溝通等方面的技巧。而且過程簡單，任誰都可以掌握，自然是越早鍛鍊邏輯思考能力越好囉！

「邏輯思考」並非空泛的紙上談兵，在日常生活具有諸多運用，可謂是幫助我們在殘酷社會中生存的強大武器，而且邏輯思考絕不難懂。

為了幫助各位更容易理解，本書特別採用漫畫形式呈現建立邏輯思考的架構。希望各位讀者都可以愉悅地享受漫畫內容，並從中更進一步理解邏輯思考。

本書登場人物

小笠原春菜 25 歲

個性開朗而天真浪漫，但是最近對於與男友孝太郎之間的關係感到煩惱。是小笠原家最小的女兒。

高瀨孝太郎 28 歲

春菜的男友，任職於某製造廠。興趣是騎自行車。最近似乎有些工作上的煩惱。

小笠原岳 61 歲

春菜的父親，已經從某大企業退休。沒有特別的休閒興趣，目前每天過著悠哉的生活。非常溺愛小女兒春菜。

小笠原君子 55 歲

春菜的母親，與社區附近的朋友同有刺繡的興趣，但最近朋友間的關係有些緊繃，令她有些左右為難。

出口汪 58 歲

春菜考大學時期的恩師，當時常常開導春菜。無法拒絕別人對他的任何要求，是個超級好好先生。

Prologue

人與人之間如何互相理解？

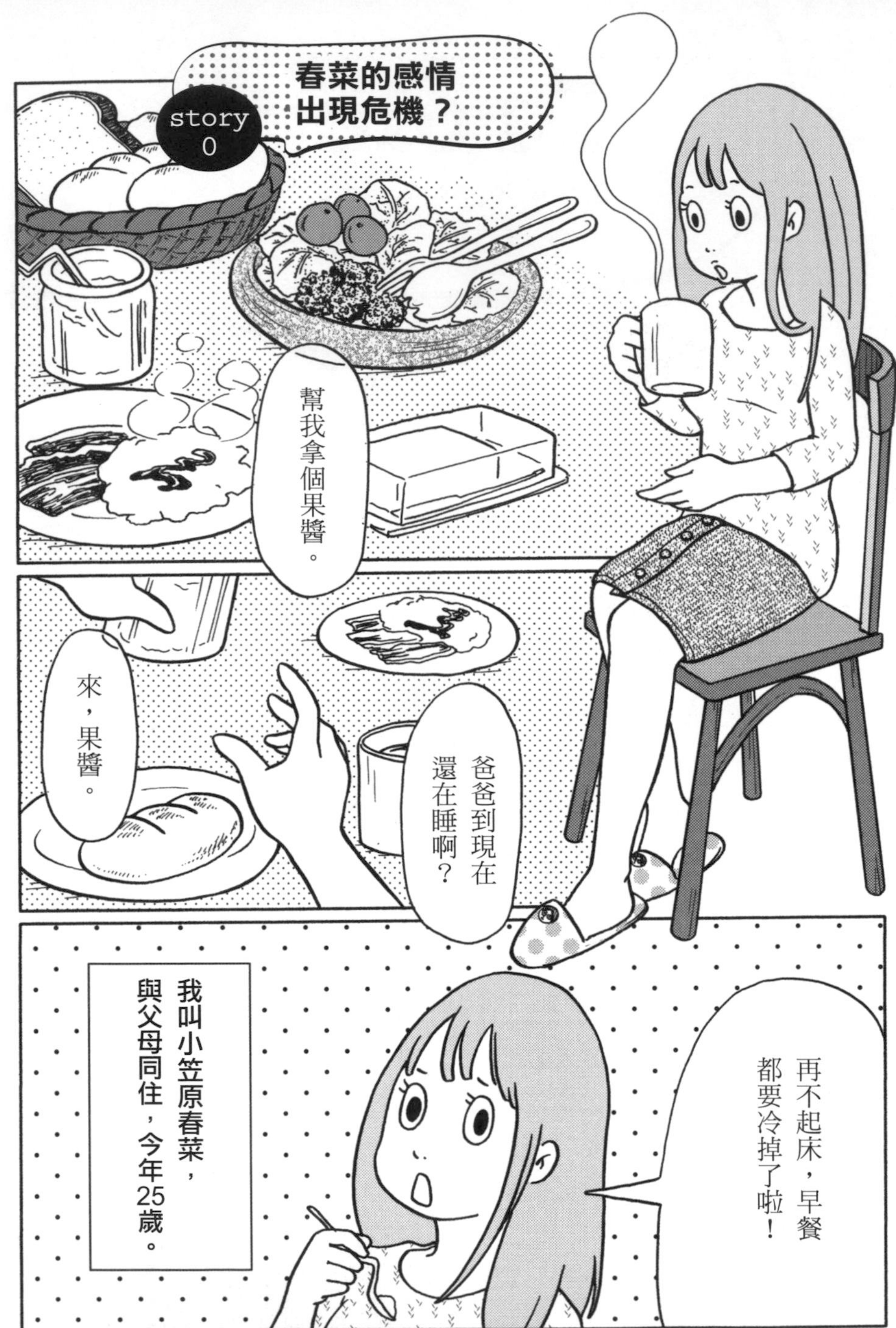
story 0
春菜的感情
出現危機？
幫我拿個果醬。
來，果醬。
爸爸到現在還在睡啊？
再不起床，早餐都要冷掉了啦！
我叫小笠原春菜，與父母同住，今年25歲。

咚
咚
咚
電視
電視
啊，終於起床啦！

爸爸─阿岳，自從去年屆齡退休之後，整天都待在家裡。
早安啊！

已經不早啦！
媽媽─君子，是位家庭主婦。

你們開動前也要叫我起床嘛！
每天都有叫你啊！
老爸！不要直接用你的湯匙挖果醬啦！

啊！對了，
我今天有約，所以午餐就不用準備我的份了。
約會嗎？
不是啦！
……
喔？怎麼了？怎麼了？分手啦？
也不是這樣！
話說我今天也要跟松田太太一起去吃午餐呢。

咦！早川太太呢？你們不是都三個人一起行動嗎？
今天只有我跟松田太太。
……
話說啊…
爸爸你偶爾也出門走走吧，不要整天穿著睡衣…
老爸我很享受這份恬靜自在呢！
不過，老婆…這紅茶顏色有點奇怪耶。
這是我店裡賣得最好的花草茶耶。
原來是春菜店裡賣的啊，那一定很好喝。
老爸你一定喝不出來的啦。

什麼——!?
真的嗎？不是開玩笑吧…？
真的♡
我被求婚了♡
閃電結婚耶！
恭喜妳囉！

你你…你們認識不是才…
才兩個月啊~
這也太猛了吧！
哈哈，有人無法接受了！
就在上禮拜我生日那天，
他說要把剩下的人生都送給我…
把剩下的人生，都送給妳…
好棒喔！好棒喔！
妳男友真的超棒啊♡♡
啊啊！然後呢？
這台詞實在是太震撼了，如果是我可能會退縮耶。

我才不會退縮呢，這男友超帥的啊！
好懂女人心呢♡
恭喜啊！
謝謝妳♡
恭喜妳囉！
現在還在吃飯，妳們可別鬧起來了。
那春菜跟孝太郎呢？你們還不打算結婚嗎？
嗯。
還沒有…
他什麼都不表示啊…
明明都交往八年了…
眼眶泛淚
不行！
不行！

不好意思！
給我來一杯啤酒！
大白天耶!?
這杯酒為理紗的幸福乾杯，
也敬我那不長進的戀情。
這裡再加點一杯啤酒！
是兩杯！

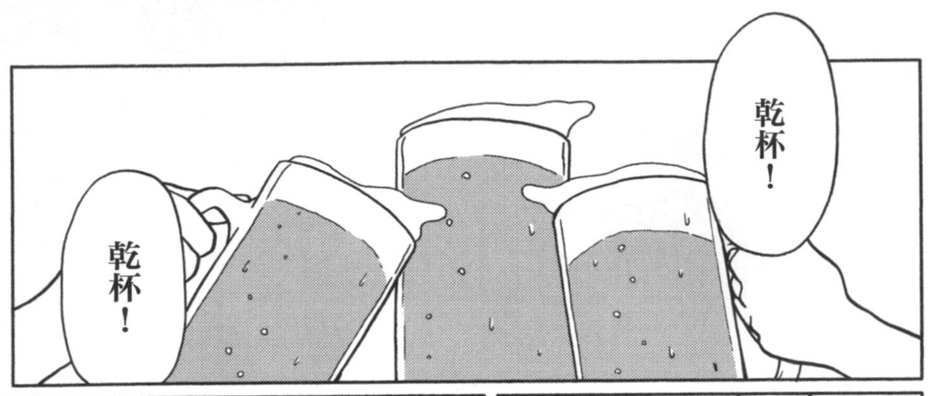

乾杯！
乾杯！

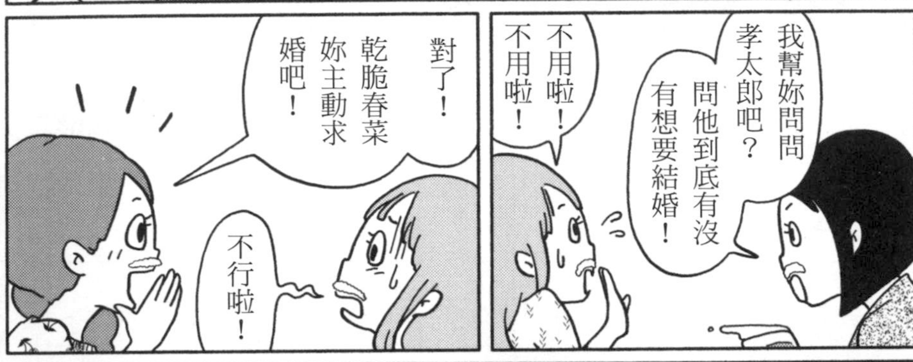

我幫妳問問孝太郎吧？問他到底有沒有想要結婚！
不用啦！不用啦！
對了！乾脆春菜妳主動求婚吧！
不行啦！

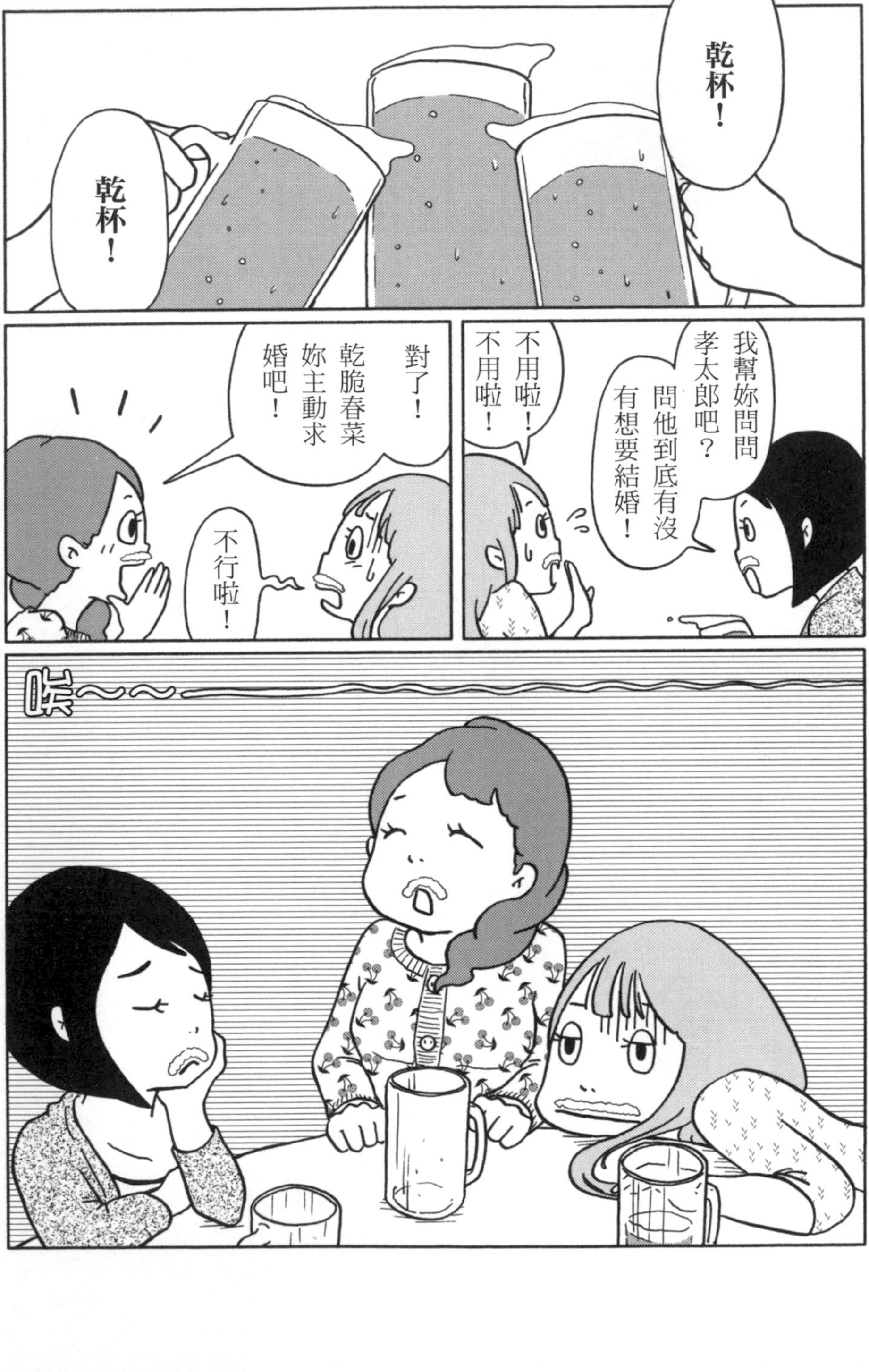

唉～～

孝太郎怎麼都不替我想想呢？
我是覺得也不至於到都沒有想啦。
只是真的不知道他在想什麼…
啊！
春菜妳不是有個老師，幫妳解決過考試和求職方面的煩惱嗎？
也許妳可以去找他聊一聊啊？
對耶！
出口老師…
或許是個好主意。

唉⋯

妳覺得早川
如何呢？
妳應該也覺得是
早川太太不對吧？

然後啊！
不覺得她很過分嗎!?
落落長
落落長
對吧!?
君子妳應該也同感吧!?
落落長
這個嘛…

松田太太與早川太太前陣子感情還好得跟什麼一樣，現在卻…
唉
好累喔…

如果幫早川太太，就會打壞跟松田太太的關係。

如果幫松田太太，早川太太又會生氣…
苦惱不——已

光聽她們吵架的內容，我覺得兩邊都有錯啊。
我到底該幫誰呢？
不對，我該煩惱的不是這個。
我應該想辦法讓她們和好才對…
好想要再回到以前三人聚在一起的日子喔！

現在還是很受歡迎！
這位出口老師以前很照顧我們家春菜呢。
考大學的時候真是多虧老師的幫忙，
除此之外，還幫春菜解決了找工作的煩惱。
點頭示意

出口汪
講演会
以邏輯思考開拓未來！
○月○日(月) 市民中心
03-○○○○○○○○
www.○○○○○.jp
D'sプロ
啊！是他…

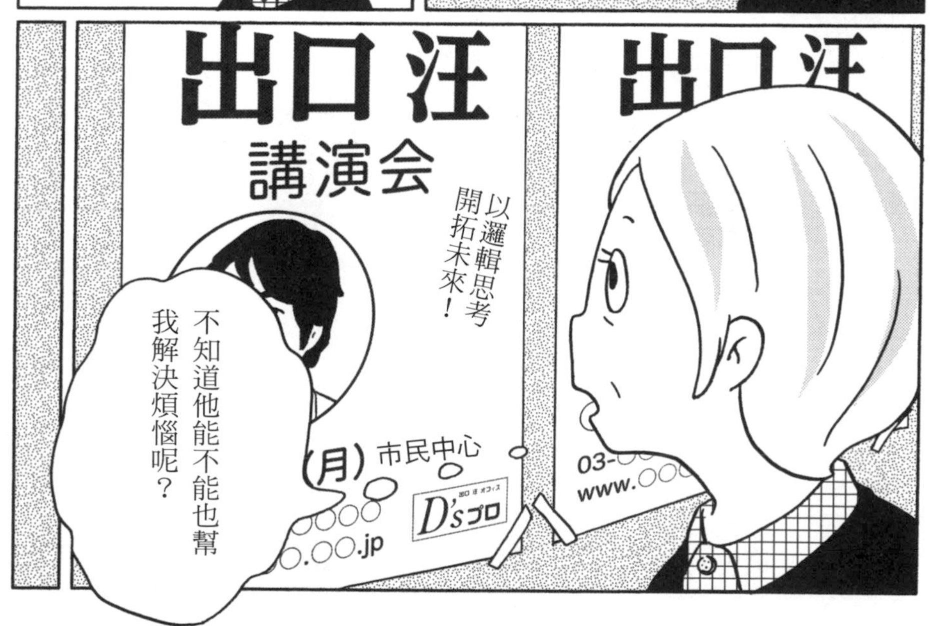
出口汪
講演会
以邏輯思考開拓未來！
(月) 市民中心
D'sプロ
○.○○.jp
不知道他能不能也幫我解決煩惱呢？
出口汪

我回來了。
回來啦。

啊……
咦？老公你在幹嘛？

你把相簿翻出來啦。
嗯嗯，是啊！
很令人懷念吧。

家裡這三隻小傢伙，以前都好可愛啊！
嗚嗚
唉呀，我得把洗好的衣服拿出來。
你——可真閒——
看完了要把相簿收好喔。

春菜還小的時候，叫我「把拔」叫得可真甜，那時真好⋯

合格者
祝·春菜合格!!!

嗯？
大学合格者
這大叔是哪位啊？

喔，真巧！
我剛剛也才看到他的海報呢。
就是出口老師啊。
春菜考大學的時候受到了他不少照顧。
不只課業，在未來發展、交友等方面，他都給了春菜很多建議。
春菜可黏他了，現在有時候還是會去找他呢。
我怎麼都不知道呢？
春菜也是大人了，也有一些自己的煩惱吧。

其實她以前也是有不少煩惱，只是老公你不知道罷了。
唔…
畢竟老公你整天都在忙工作嘛。
出口老師不只會指導學生念書。
也有舉辦給社會人士聽的演講呢。
我打算下次也去聽看看。
這老師竟然知道春菜不少祕密，我卻不知道…
他姓出口啊…

哈——
哈啾！
出口汪 辦公室
D's プロ
老師感冒了嗎？
不是，
我應該是健康寶寶才對啊。
祕書
江澤紀惠
啪啪——
啪啪——

我想應該是有人在討論我吧。
唉唷！乖～別鬧。
喵喵
喵喵
希望是講你好話囉。
話說啊…
老師，
別鬧別鬧
喵
喵
喵
喵
1、2、3、4、5、6……
你又把貓咪撿回來了？
喵
喵
喵嗚
喵嗚
抓抓抓

不管是人
還是貓，
一看到他們有困
難，我就無法放
著不管啊。
好痛
喵
我希望盡可能讓大
家都沒有煩惱，幸
福地過生活。
這也是我的生命意義。
喵
喵
這次演講的資料
我已經做好了，
幫你放進資料
夾喔。
出口老師——！
碰！
喵

老師～～～～～
你聽我說～

第 1 章

為何需要邏輯思考？

——建立他者意識的必要

story 1
春菜與
邏輯思考的邂逅
放下
請用茶。
先喘口氣吧！
啊！
謝謝。
這香氣…
這個，
是我們店的
博士茶啊！

謝謝惠顧！
這是我昨天買的。

昨天！昨天我也在啊，怎麼不叫我一聲？
看妳很忙嘛。

因為我們的店快開滿五年了。
最近準備辦個大活動，所以忙得暈頭轉向呢。

到時候一定要來參加活動喔！
當然囉♪

怎麼了，今天是有工作上的煩惱嗎？
喵——
拉開
喵嗚喵嗚
喵嗚喵嗚
喵嗚喵嗚
啊！
抓抓抓——

其實是…
跟我男友孝太郎有關的煩惱。

上個禮拜，
是我的生日…

火花
火花
Happy Birthday Haruna

嗯~~~~
好好吃♡

孝太郎你也一起吃嘛。
我還不餓。

咦？可是我一個人吃不完耶。
剩下的也不知道能不能打包。
如果你不吃，我也只能自己努力了。
春菜，那個…

那個…

嗯？

這沉默是怎麼回事？
啊！

難不成！？**是要求婚**？
我們交往都八年了，孝太郎今年二十八
歲，我今天也二十五歲了。
今天看起來他也沒有特別準備禮物，
該不會要
用求婚當
作生日
禮物吧！
啊啊啊♥♥
啊啊啊♥♥
孝太郎很會嘛♥不知道他
會怎麼求婚呢？哇哇哇♥♥♥
終於要來了♥♥♥啊啊啊♥♥♥

下週開始我的工作會比較忙。
可能暫時不能見面了。
咦!?
喂!
倒下

喂喂！妳幹嘛啦？
妳的臉都沾到蛋糕了。
春菜！
春菜啊！

嗚嘎———！

碰！

咦咦!?

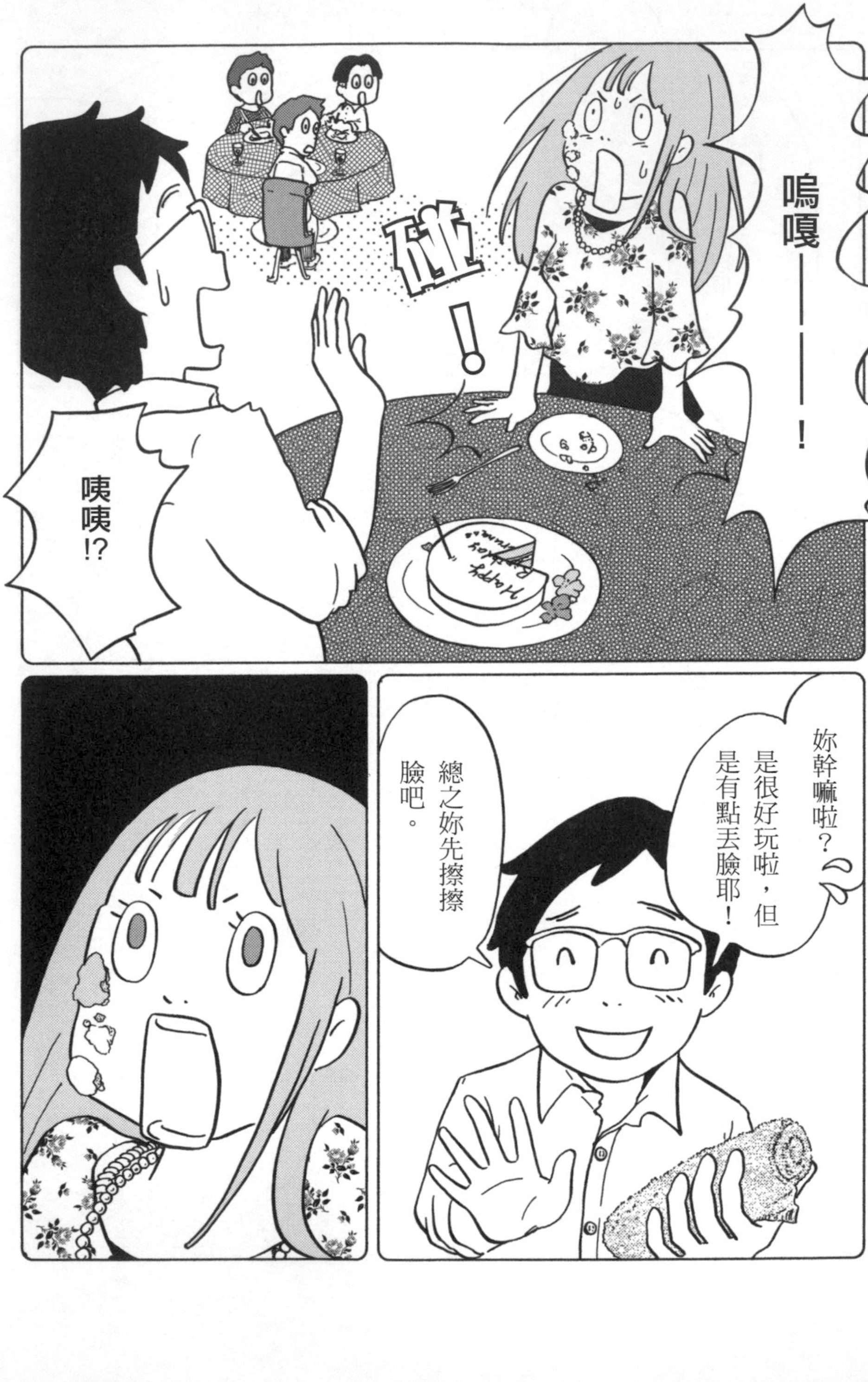

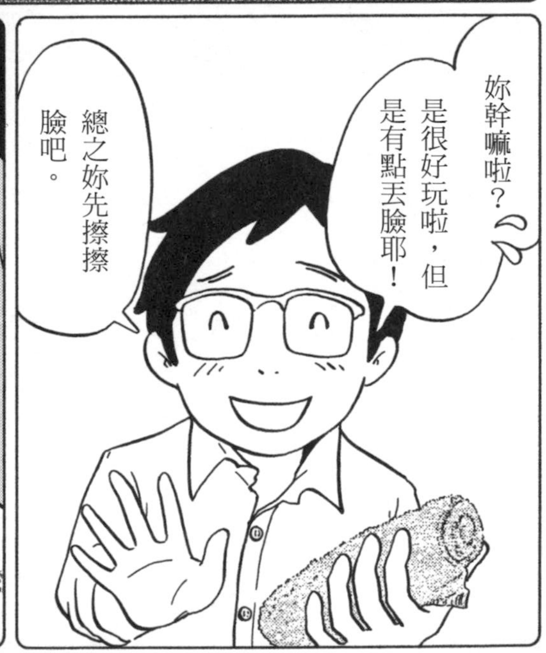

妳幹嘛啦？是很好玩啦，但是有點丟臉耶！
總之妳先擦擦臉吧。

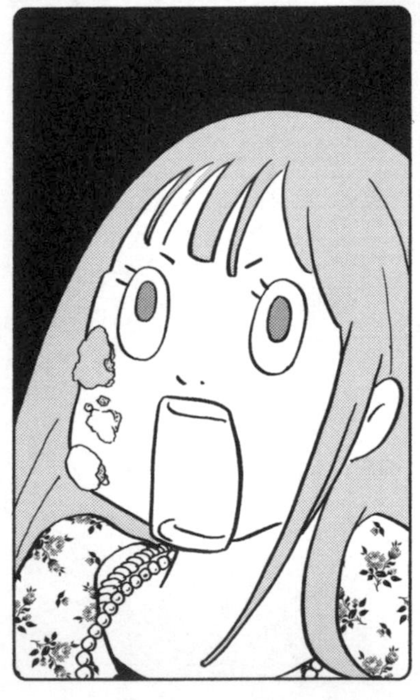

一點都不好玩——！
……？

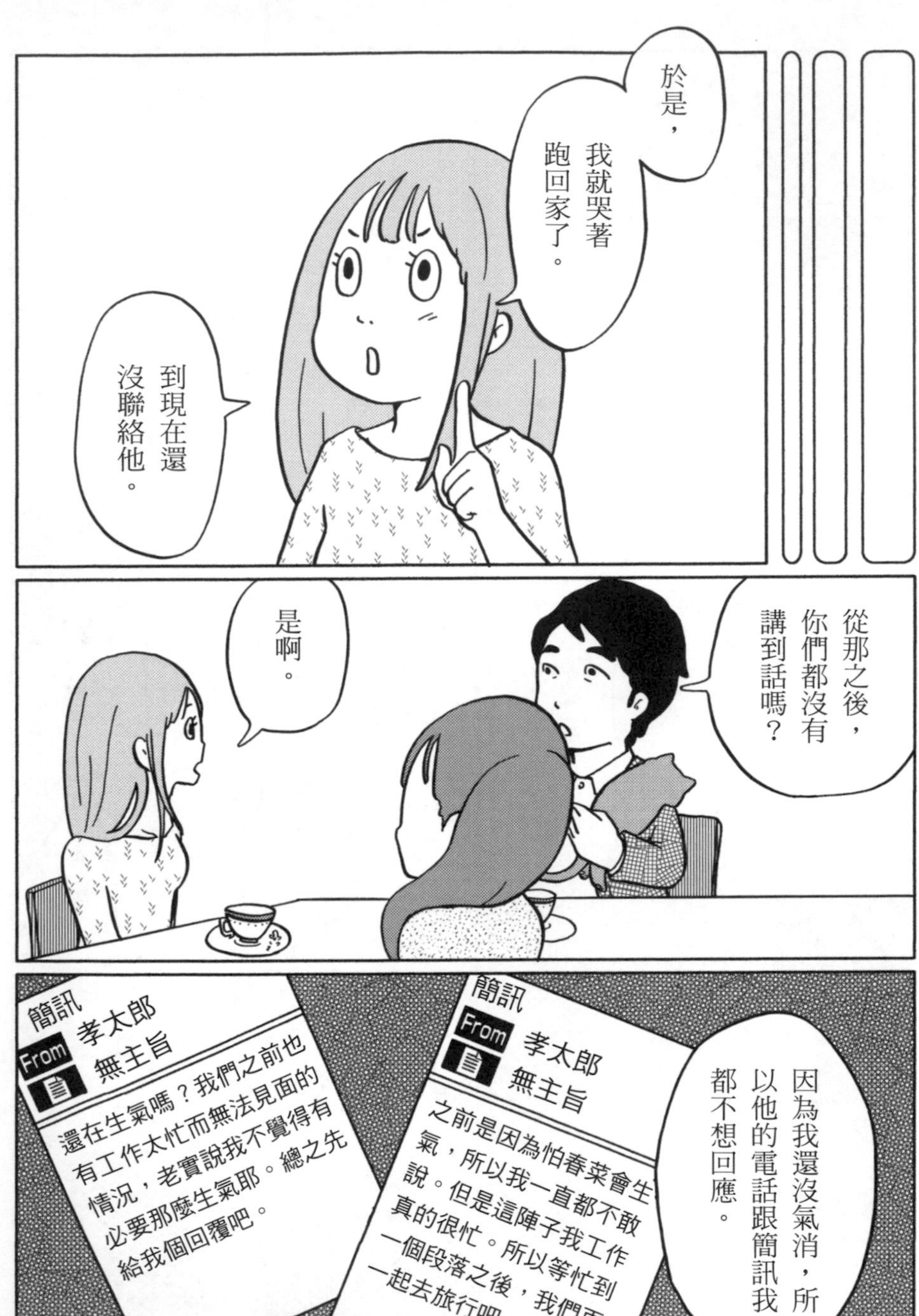
於是，我就哭著跑回家了。
到現在還沒聯絡他。
從那之後，你們都沒有講到話嗎？
是啊。
簡訊
From 孝太郎
無主旨
之前是因為怕春菜會生氣，所以我一直都不敢說。但是這陣子我工作真的很忙。所以等忙到一個段落之後，我們再一起去旅行吧。
簡訊
From 孝太郎
無主旨
還在生氣嗎？我們之前也有工作太忙而無法見面的情況，老實說我不覺得有必要那麼生氣耶。總之先給我個回覆吧。
因為我還沒氣消，所以他的電話跟簡訊我都不想回應。

啊！

我有把剩下的蛋糕打包喔，因為不吃完實在太浪費了。

快幫我把這個打包好

這部分倒是很冷靜⋯⋯

總而言之，我猜春菜妳想說的，

就是這樣吧？

所以我也想要結婚。

兩個人都交往八年了

我也差不多該被求婚了。

但是孝太郎卻還不求婚，真過分。

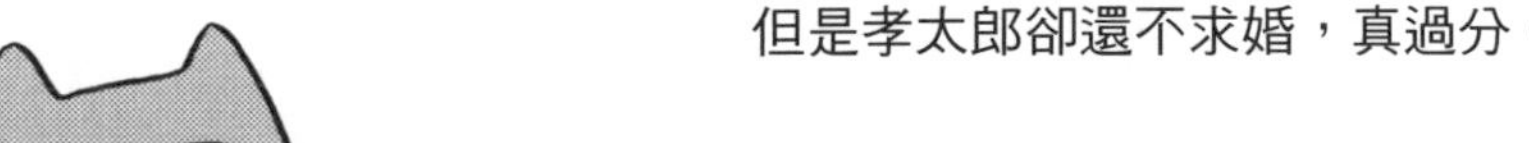

對啊，孝太郎根本完全不懂我！
老師也這麼覺得吧？
這個嘛⋯⋯
春菜，妳聽過「他者意識」這個詞嗎？
他者意識？
所謂他者意識，
也就是以「彼此並非相互理解的存在」為前提。

譬如，妳是否曾經有那種跟好朋友「心有靈犀」的經驗呢？
當然有啊！
我只要看理紗跟祥子的表情，就知道她們想說什麼了。畢竟我們從國中就認識到現在了嘛。
可是，
妳有可能跟每個人都心有靈犀嗎？
似乎不行…
春菜跟孝太郎，
你們也是一樣啊。
其實「彼此並非相互理解的存在」稀鬆平常，而能夠心有靈犀的人都是例外。

你們兩個人，
原本也是「彼此並非相互理解的存在」。
所以為了讓對方理解自己，
就必須確實將自己的想法說出來，這點相當重要。
話雖然是這麼說啦。
我應該有把自己的想法說出來啦？
啊——
春菜，妳似乎有點誤解囉？
將自己的主張強加在對方身上，跟闡述自己的想法，兩者之間有點不同。

強加自己的主張	➡	毫無修飾地表達自己的想法。
闡述自己的想法	➡	考慮到對方的立場與想法，再將自己的想法告知對方，幫助對方理解。

從頭到尾，我都只顧到自己，
完全沒有考慮到孝太郎的感受…

感情語言

直接表達自身感受的語言，並不具備他者意識。舉例：「不爽耶」、「很吵耶」。

邏輯語言

表達自身感受與想法時，以「他者意識」作為前提，考慮到對方立場，再說出自己的想法幫助對方理解。

如果想要確實傳達自己的想法，就要使用邏輯語言，而不是感情語言。這很重要。

原來如此…
我只是單純把自己的感受說出來罷了。
其實大家都能夠學會邏輯語言喔！春菜也從現在開始學起就好了。
還來得及…嗎？
我得先跟孝太郎道歉才行。
登登
登登登
登登登
登登登
看信
抱歉！
沒事，妳快接電話吧！
我沒有調成震動模式！
登登登
登登登
登登登

您好…

咦!?

孝太郎他…

昏倒送醫了…

孝太郎——你別死啊！
剛才跟老師聊過之後，
我才發現自己要跟你道歉！
孝太郎！我以後一定會考慮到你的感受，
改掉自己任性的壞脾氣。

因為我很喜歡孝太郎，所以想要跟你結婚，
還自己幻想你會在生日那天跟我求婚。
所以才會因為失望，自己在那裡亂發脾氣。
如果我有考慮到你的感受，
也有好好表達自己感受的話…
就這樣分開也太辛酸了…
我沒死！
春菜，我還沒有掛掉啦！

他是睡眠不足

嗚哇！孝太郎！太好了！

鼻涕！鼻涕！

春菜…

我幫你買個布丁吧？

其實是我不好，對不起！

我不知道妳的感受原來是這樣……

老實說，我現在還沒有想到結婚。

畢竟工作還沒上手，我沒有自信能給妳幸福……

但總有一天，

如果我準備好了，

我絕對要跟春菜結婚。

拍手
拍手
拍手
拍手
孝太郎♡
蛤！
出口老師跟紀惠小姐都在啊!?
老師！邏輯語言讓我們理解彼此的感受囉！
真浪漫呀♡
我們都看到囉。

為何會不擅長邏輯思考？

太推崇察言觀色的文化

讀小學時，每當老師在課堂上問問題，我們總是會爭先恐後地搶著舉手回答問題。但是隨著年齡漸長，我們逐漸不喜歡在課堂上發言。我們會擔心只有自己一個人發言，這行為是否太過搶鋒頭；也不知道自己開開心心地舉手發言，旁人會用怎樣的眼光看待自己。總而言之，**「察言觀色」的風氣已經在教室內傳開**。

因此，漸漸地我們不喜歡主動在會議上發言，卻同時極其關注周遭動向，力求能跟上任何話題與流行，藉此迎合所有人的喜好。延伸到工作選擇，大家也不喜歡標新立異，總是喜歡進入一流企業上班，尋求安定的生活。

生活中，我們已習慣不斷地察言觀色，力求迎合周遭眾人，不敢說真話。

相較之下，西方人往往能夠直白闡述自己的主見，不怕造成別人困擾。我們不能說日本的民族性完全沒有優點，但是至少可以說，這種環境不利於邏輯思考。

除此之外，歐美人士從小就接受辯論等邏輯思考的訓練，但是日本教育卻相對缺乏這類訓練的養成。**因此以教育層面來看，日本人不擅邏輯思考也是理所當然的事情。**

美國人以不信任他者作為前提

日本人推崇「察言觀色」，美國則是個文化調性與日本大相逕庭的國度。自從建國以來，各種民族紛紛前往美國這片新天地發展。人們不會知道自己鄰居住的將會是白人、黑人，還是黃種人。但是大家仍然要屏除人種、宗教、文化的隔閡，攜手共同建立一個社會。

因此對他們來說，必須要確實闡述自己的主張，才能夠讓對方了解自己的想法。所有鄰人都是他者。因此諸如：語言、邏輯、商業契約等存在，全是「以不信任他者」作為前提。

由於無法信任他者，因此在商場上凡事以契約作為優先。每當出了任何問題，馬上走法院途徑，尋求公平客觀的判決。

而歐美語言也遵循著相同原則。之所以在問問題時習慣先問YES（肯定）與NO（否定），也是因為不信任他者。在歐美社會當中，**難以單憑「感覺」與人共事，因此人們自然而然會注重邏輯**。

日本是以農耕民族形成的村落社會

日本四面環海，因此多年來都處於接近單一民族的狀態。加上江戶時代不僅頒布鎖國政策，人民的移動自由也受到限制。因此日本人一輩子通常只跟同個村落的人一起生活，特別是農民。

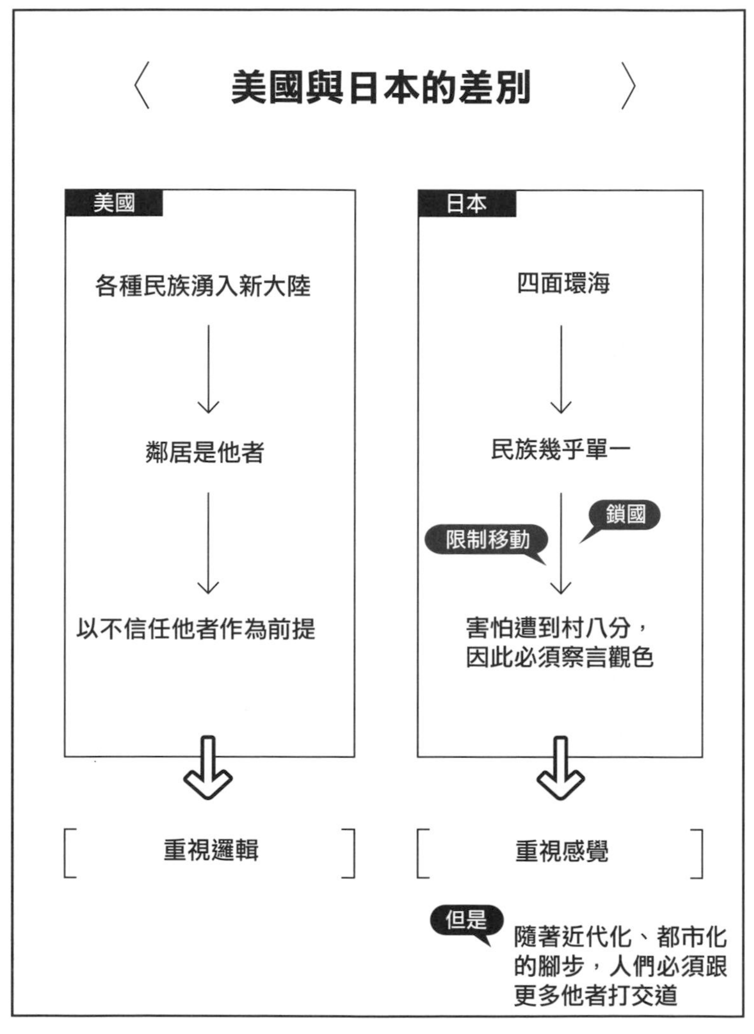
〈　美國與日本的差別　〉
美國
各種民族湧入新大陸
鄰居是他者
以不信任他者作為前提
重視邏輯
日本
四面環海
民族幾乎單一
限制移動
鎖國
害怕遭到村八分，
因此必須察言觀色
重視感覺
但是
隨著近代化、都市化
的腳步，人們必須跟
更多他者打交道

對於江戶時代的農民來說，遭受村八分制裁（譯註：日本農村對破壞規矩和秩序者所採取的一種消極制裁行為的總稱，除了發生火災或葬禮以外，完全不打交道。）形同被判死刑。**因此壓抑自身情感，與團體融洽相處一事至關重要**。

除此之外，由於團體的規模並不大，因此憑藉感覺就可以傳達自己的想法，無須互相多加闡述自己的主張。從民情文化層面來說，日本人會不擅邏輯思考也是理所當然的事情。

但是，**從明治年間開始，近代化與都市化的浪潮襲捲而來，人們在進入都市地區之後，都不得不與他者建立關係**。我們不能否認，邏輯思考已經是必要的能力。但是許多人卻對此感到困惑不已，腳步停滯不前，難以適應嶄新的環境。

接下來已是全球化的時代。**日本人勢必要與具備優秀他者意識的強國人才一較高下**。如果還只會那招「察言觀色」，可是會被日新月異的資訊社會浪潮吞沒。因此，培養敏銳的邏輯思考能力，刻不容緩。

「他者意識」是邏輯思考的基本

每個人看到的景象都不盡相同

我們眼裡看到的景象都有所不同。即便是同一片景色，每個人所能看到的也都是映在自身視網膜上的影像。而該影像看起來如何，因人而異，有時候也會因為情感起伏而出現變化。加上人們還會帶入自己的記憶，而各有解讀，因此大家看到的光景更不可能相同了。

人們天性會主觀地觀看、閱讀、思考。只要是個有血有肉的人類，無一例外。**因此各位必須具備「他者意識」，理解「彼此要能相互理解並不簡單」。這點相當重要。**

家人即是他者

我們往往會認為家人都能夠與自己相互理解。**但是正因為每天見面，反而會疏於努力理解對方**。

即便是家人，大家看同一件事物時，所能看到的光景也會有所不同。而且彼此都是不同個體，經驗也有所區別。因此家人同樣屬於他者的範疇。

序章是從一個家庭的故事開始說起。

春菜，以及春菜的父母都各自抱有煩惱。

春菜與男友交往多年，但是無法理解男友的感受。

媽媽的情況也不太好，身邊的兩個好朋友關係因故劍拔弩張，但是她卻陷在兩難之間不知道如何解決，只能每天憂心過日。

父親與家人生活脫節，感到非常寂寞。特別是從小寵到大的春菜只顧著談戀愛，沒理會自己，更讓他覺得自己與家人距離越來越遠了。

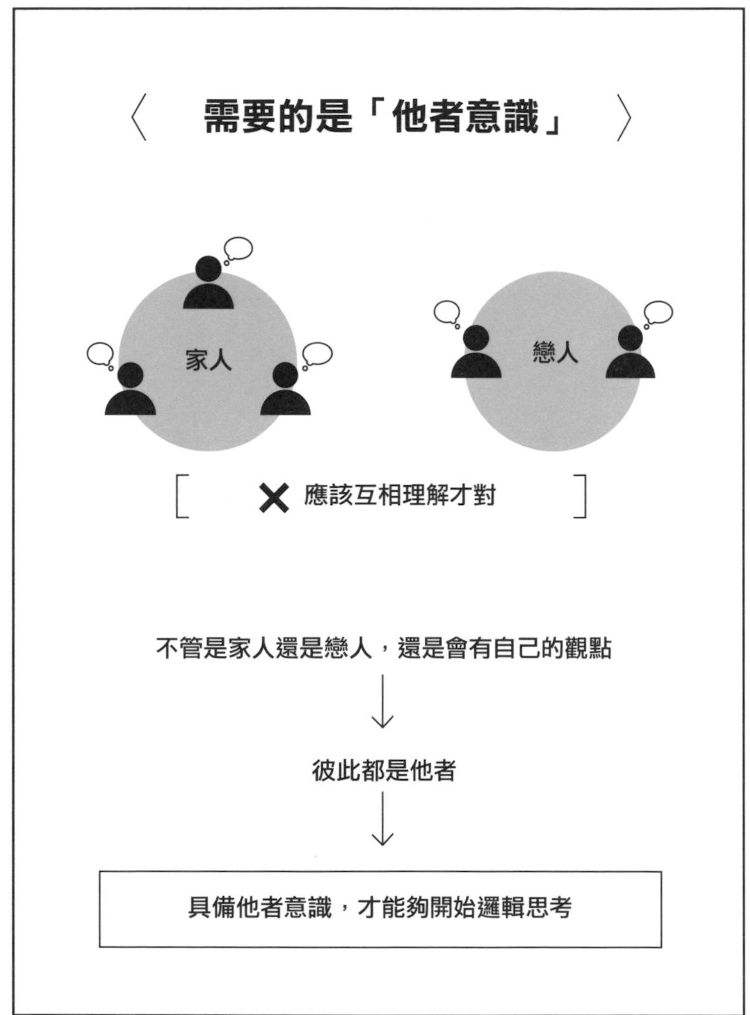
〈　需要的是「他者意識」　〉
家人
戀人
✕ 應該互相理解才對
不管是家人還是戀人，還是會有自己的觀點
彼此都是他者
具備他者意識，才能夠開始邏輯思考

每個人都會將自己的主觀視為絕對正確，或多或少地在心中褒揚自己，貶低他者。

具備他者意識，才能夠進行邏輯思考

各位必須先意識到，所有人都是他者。也因為彼此都是他者，所以不能全憑感覺行事。**有時候，各位會誤以為光靠感覺就能理解對方感受，但這只是表面如此，其實並不能真正理解對方感受。**

春菜誤以為只要闡述自己的感受，男友就能夠理解。

因為好朋友即將邁入禮堂，所以她認為交往多年的孝太郎也差不多該跟自己求婚了。都交往八年了，一定得求婚啊！而且兩人單獨為春菜慶生，更應該要用求婚來給自己驚喜啊。她完全陷入自己的主觀世界。

如果毫無修飾地提出自己的意見與感受，那就只是「強加自己的主張在對方身上」，對方只會感到厭煩，不可能聽進心裡。

例如，孝太郎當時也只想到工作的事情，並沒有查覺到春菜的感受。兩人都主觀地看待事物，自以為只要提出主張，對方就能夠理解。這正是一種缺乏他者意識的表現。

唯有開始意識到，自己該如何將想法傳達給身為他者的對方時，才能夠邁入邏輯思考的領域，有條有理地闡述事物。

使用邏輯語言吧！改變用字遣詞，思考也跟著轉向

感情語言就像是狗

語言分為感情語言與邏輯語言。

感情語言是與生俱來，不需要他者意識。例如，貓狗在吠叫、撒嬌、要飼料時，也會使用感情語言。**這種語言不需要學習與訓練，而是一種天賦本能。**

嬰兒會哭也不是因為感到悲傷，而是因為想要喝奶、索討擁抱，他們透過哭泣來表達自己的需求與情感，哭泣不過是將潛藏在體內的需求與情感表達出來，並不存在他者意識。

嬰兒之所以會哭，是希望有人能察覺自己的不滿，並幫助自己解決這些情況。如果無法獲得幫助，嬰兒的情緒則會變得更加惡劣，或是哭著哭著就睡著了。

以這層意思來說，「不爽耶」、「很吵耶」等表達方式也都是感情語言，都是出自希望有人能察覺到自己的不滿，並幫助自己解決這些情況。如果沒有人肯來幫助自己，當事人則有可能突然發飆，或是自我封閉。某方面來說，我們大人說出的感情語言，與嬰兒哭泣的表現並無二致。

請各位試著回想春菜在生日約會時發生的事情。孝太郎並未有條有理地說明自己為什麼會忙到無法見面，只向春菜提出結論，以致春菜突然感情用事，暴怒離席。兩人之所以無法順利溝通，都是因為他們在溝通時使用的是感情語言。

只有人類才會使用邏輯語言

如果人類沒有語言的概念，也就不會思考何謂死亡了吧。同時，這也代表人類不會思考何謂生命。

唯有在見識何謂死亡時，人類才會了解生命何其飄渺，並體會到青春的耀眼之處。而這類概念都建立於邏輯語言上。貓狗只具備感情語言的能力，因此牠們不會意識到死亡，可謂生於渾沌，死於渾沌。

一旦具備語言的概念，人類就只能夠活在以語言重建而成的世界裡了。

例如，貓狗同樣會感到「熱」。人類與狗相同，皮膚與神經都會感到「熱」，但是狗並不具備邏輯語言的能力，因此牠們沒有「熱」的概念。

只有人類這種生物，能夠先將「熱」、「冷」等概念轉換為語言，藉此認識、整理外界的各種資訊。**人類會將周遭萬物都轉換為語言，並以此作為思考、感受的基礎**。這時候所用上的都是邏輯語言，而不是感情語言。

以語言重建世界

「太初有話。」這句話來自聖經，但是其實會出現這句話並不奇怪，畢竟如果人類不存在，自然也不會產生語言了。

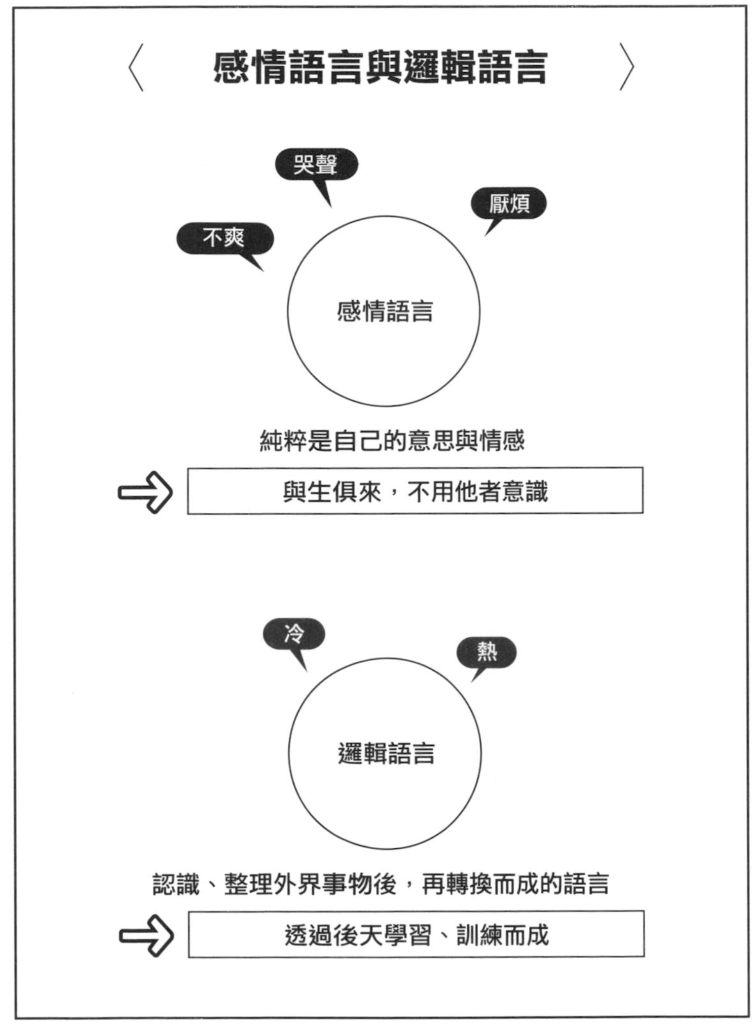
〈　感情語言與邏輯語言　〉
哭聲
厭煩
不爽
感情語言
純粹是自己的意思與情感
與生俱來，不用他者意識
冷
熱
邏輯語言
認識、整理外界事物後，再轉換而成的語言
透過後天學習、訓練而成

相信在人類創造出語言時，天地的分界與現在並無二致。但是，如果人類沒有創造語言，天就不會是天，地也不會是地，世間萬物仍然只能是一片渾沌。而語言一出，天才是天，地才是地。**以這層意思來說，正是語言孕育出天地。語言創造真可謂妙處無窮。**而我們人類就是以語言重建世界，並於從而形成的秩序下過活。邏輯語言正具備上述妙用。

我們可以透過後天學習、訓練掌握邏輯語言。如果總是感情用事，將「不爽耶」、「很吵耶」等話語掛在嘴邊，最後就會失去邏輯語言的能力。心情不快時，就要有條理地設法說明自己為何不滿，並且尋找解決之道，如此一來才能令邏輯思考的嫩芽冒出頭來。如果只會說一些「不爽耶」這類的感情語言，可就跟哭泣的小嬰兒沒什麼兩樣了，更無助於改善情況。

掌握邏輯思考三大構造

人類無法相互理解

邏輯就是在講道理。如果發現無法輕易地只憑感覺向他者說明時，人類就會設法講道理。因此，邏輯是以「他者意識」作為前提的思考。

如果總以為自己的話已經清楚表達語意，可就真的無法富邏輯地向他者表達了。這類人往往會認為「父母不體諒我」、「小孩都不體貼我」，把對方的話語充耳不聞。出社會之後，也只會在喝酒時抱怨「上司不了解我」、「下屬不懂我的用心良苦」，滿腹牢騷，一肚子怨言。

人類要互相理解可不簡單。有時其實也不是對方不肯理解自己，而是因為自己的說明方式沒有道理，讓對方無從理解啊。

而令說話有條理的方法，大致上可分為三種。所謂邏輯，就是如此簡單好上手，事不宜遲，趕快一起進入邏輯的世界吧！

男人、女人兩詞也不脫邏輯

在第一次學會「男人」這個詞時，我們不只是多學會了一個單字，從此看世界的方式也將跟著改變。

譬如，這世界上有A同學、B同學、C同學等三個人，沒有人會是一模一樣的。但是只要使用「男人」這個詞，A同學、B同學、C同學之間頓時出現了共同點。雖然這東西說起來有些「抽象」，但是在這時候，我們看對方的方式的確跟著改變了。

A同學、B同學、C同學與「男人」之間的關係為**「具體與一般」**，這是**「等於關係」**的基礎原則。而當我們使用「女人」這個詞來跟「男人」做比較時，則會形成**「對立關係」**。

在我們開始使用「男人」、「女人」等詞彙時，邏輯也就跟著形成。全世界的語言當中都存在有「男人」、「女人」等詞彙，當時不同地區的人們不可能互相聯絡，但是不管哪個民族，看世界的方式卻並無不同，仔細想想，這著實令人感到不可思議。

也就是說，當我們擁有語言之後，邏輯也跟著形成。只要語言存在，邏輯也將恆久不滅。除此之外，**雖然語言會因不同民族而有所差異，但是使用邏輯的方式卻是全球共通。**

這就是邏輯的普遍性。

邏輯的三大基本原則

有時候，我們為了將「A」告訴別人，會設法舉例，或是提出一段小故事，不斷改變A的型態。這就是所謂的「等於關係」。

相反地，**有時候我們也會為了讓別人理解「A」，而提出性質相反的**

「B」。譬如拿「西洋」來做比較，藉此讓別人理解「日本」這個國度，或是拿「過去」來做比較，藉此闡述「現代」種種。這就是所謂的**「對立關係」**。

而若是以A為前提，才形成B的結果時，這種有A才有B的關係是為「因果關係」。

基本上，邏輯就是一種用字遣詞的方式，不脫上述三大原則。明明如此簡單，但是許多人卻終生沒有使用過「邏輯」這強大的武器，著實令人扼腕。

畢竟邏輯不只能在各種人類的溝通上派上用場，也是諸般智慧活動不可欠缺的存在。除此之外，邏輯也樹立起秩序，讓世界不再是混沌一片。

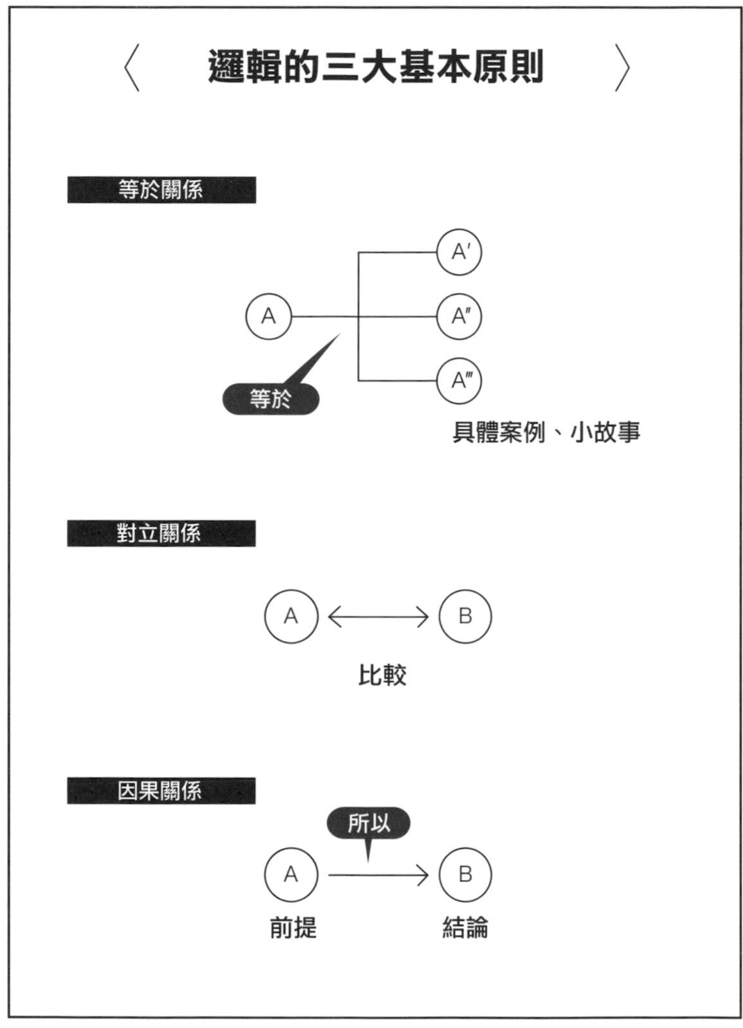
〈　邏輯的三大基本原則　〉
等於關係
A
A′
A″
A‴
等於
具體案例、小故事
對立關係
A
B
比較
因果關係
所以
A
B
前提
結論

第2章

邏輯思考的基本原則①
掌握因果關係

你的腦袋昏昏沉沉，如果因此犯錯，
到時會很麻煩啊！

明天再請假，就會趕不上交期啊！
我得馬上回公司。

你還是多躺會兒吧？
story 2
討厭鬼的真實想法
不用啦，我也睡很久了，已經沒事了。
抱歉，讓大家擔心了…
沒想到你忙到都昏倒了…
對不起，我竟然都沒發現。
為了避免你過勞死！
身為未來的妻子，以後我要全天候監控你。
恕難從命。
而且這一定做不到吧！

叩
叩
吼——
你害羞囉——
哈哈哈哈哈哈哈
開門
啊！
好像有人來探病。
請進！

金子課長！
大家好，我是高瀨的上司，金子。
請坐這。
不不
請坐這。
金子小姐，請坐請坐。
春菜，我們差不多該離開了…
請坐。
推推推…

請…坐
跌倒
啊
沒事吧？
抱、抱歉
妳在幹嘛啊！
……你今天就好好休息吧。
明天請假也可以。
咦…？

明天再請假，就會趕不上交期啊！
我得馬上回公司。
你這樣會造成公司的困擾。
你的腦袋昏昏沉沉，如果因此犯錯，
到時會很麻煩啊！
……

那麼，各位⋯⋯
我先告辭了。
謝謝妳的椅子。
關門
可惡⋯⋯

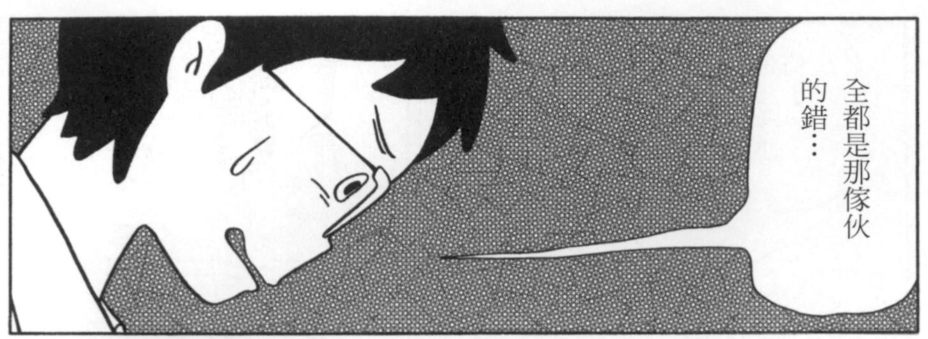
全都是那傢伙
的錯…

孝太郎…
你們感情不
好嗎…？
她好可怕喔…

感情不好？
才不是那種
小問題！
都是因為她，
我才會這麼
慘…

……
怎麼回事？
說來聽聽吧？

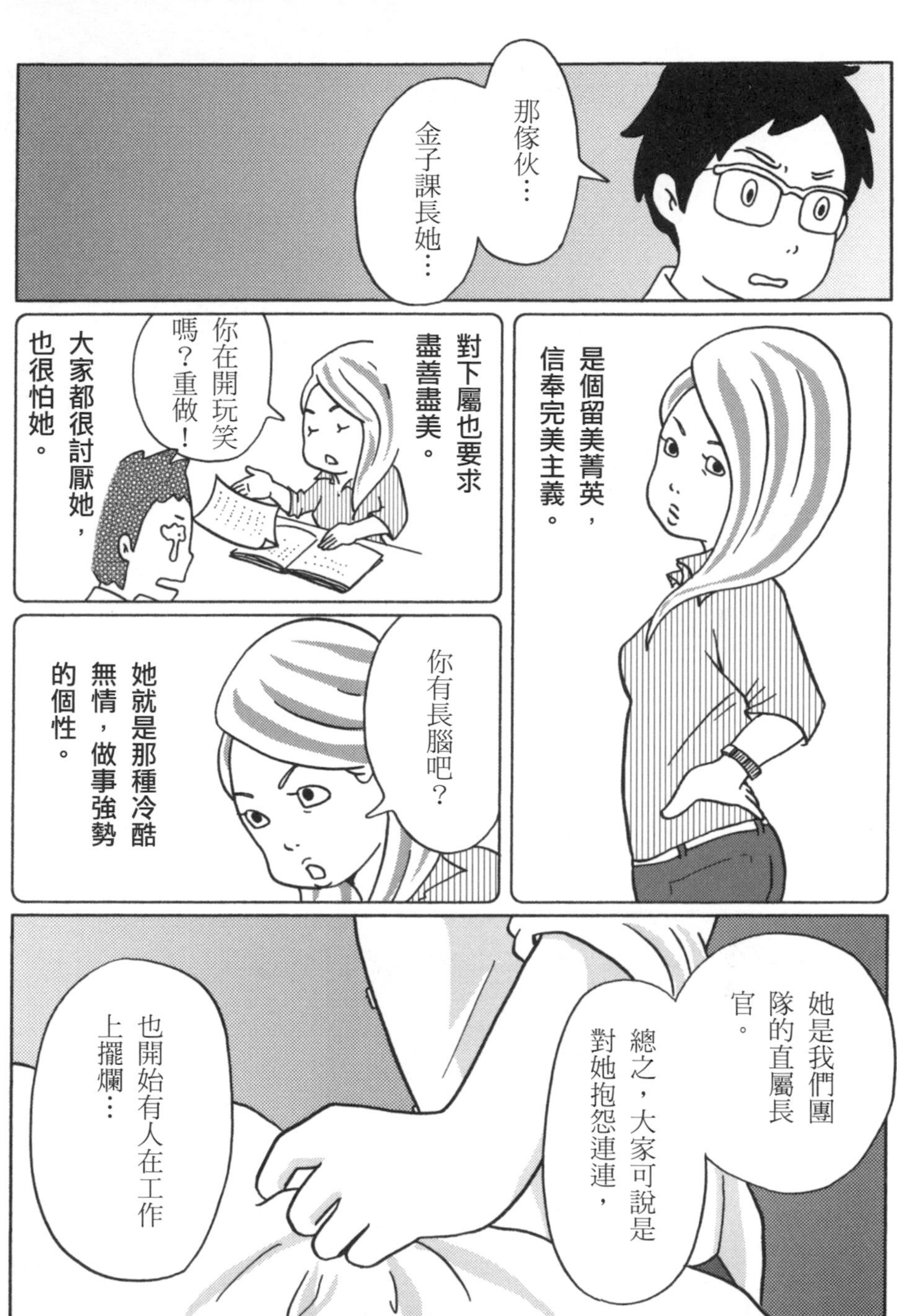
那傢伙…
金子課長她…
是個留美菁英，
信奉完美主義。
對下屬也要求
盡善盡美。
你在開玩笑
嗎？重做！
大家都很討厭她，
也很怕她。
你有長腦吧？
她就是那種冷酷
無情，做事強勢
的個性。
她是我們團
隊的直屬長
官。
總之，大家可說是
對她抱怨連連，
也開始有人在工作
上擺爛…

結果我身為副領導，工作量因此暴增…
最後落得這副下場…
我都不知道。
孝太郎居然那麼煩惱！
一定要脫離現狀才行啊！
無論如何…
孝太郎，你覺得應該要怎麼做？
我認為都是課長的錯，
明明以前大家工作都超認真的…

但是課長一來，一切都變調了。
嗯嗯，都是課長的錯！
原來如此。
那我再問你，
為什麼金子課長要對大家那麼嚴格呢？
我哪知道！
可能是要紓壓吧？總之她超討人厭的！
是嗎？
你聽過「因果關係」嗎？
她真的有那麼壞？
可是她還幫你送包包來耶…
很重呢…
也就是凡事必有理由。
如果不知道真正的理由，就無法對症下藥，從根本解決問題。

我來舉個例子吧。
有個大學社團的社員人數突然大減。
退社
退社
退社
社長發現事情不妙，於是趕緊加開各種玩樂活動、喝酒聚會。
只要玩樂的時間變多，社員應該也會變多！
結果社員人數非但沒有增加，反而還減少了。
退社
退社
啊！這例子⋯
之後聽退社的社員說，才得知他們退社的理由是「自己明明想認真地參與社團活動，但是社團卻都在玩樂，最後感到厭煩所以退社」。
大受打擊
社長擬定的解決方法是「增加玩樂時間」，但是這根本是背道而馳。

這不就是我大學的經驗嗎？
我想說的是，
如果你不知道真正的理由，也就無法擬定解決方法了。
孝太郎，你說課長是個討厭鬼。
但如果她真的是個討厭鬼，還會特地跑來探病嗎？
搞不好她是有苦衷，才會擺出那副態度。
事出必有因。
我認為你應該試著摸索、理解，為何課長的態度會那樣。

兩天後——
非常抱歉！
妳再不振作點…
妳再不振作點，對公司很難交代啊。
非常抱歉！
課長跟部長？
業績再這樣差下去，妳的下屬很可能會被裁掉喔…
咦!?
千萬別裁他們！

我的下屬都很優秀，他們都是不可或缺的人才。
我們近期一定會給出漂亮的成果，一定會！
那我先回去工作了。
唉⋯
課長⋯
⋯⋯

金子課長！
……
幹嘛？
那個…對不起，
我的昏倒造成您困擾了…
我已經沒事了。
是嗎？
健康管理也是工作的一環，要多注意啊。

那個…我剛剛不小心聽到妳跟部長的談話…
……
那跟你無關！
怎麼會無關！
偷聽是很不好的行為，
快回去工作吧。
這也是工作的一環啊。
我希望能正確掌握團隊狀況，
更有效率地工作。
所以我必須知道課長的想法。

出事情的話，我會扛下來。
絕對不會讓你們被裁員的。

……這不用你操心。

我知道，你們大家都很喜歡這份工作，
做起工作也很有幹勁，
所以無論如何，我都希望能保住這個團隊。
但是…

也因為這樣，我逼得太緊了。

結果大家都不跟我同心協力，團隊分崩離析…

我到底該怎麼做…

答案只有一個。

大家一起加油吧！

系統研發部
咦——!?
課長會說這種話？
真的嗎？
真的啊。
但是我們都超討厭她的啊。
欺負我們，應該是她的興趣吧？
唉唷～那傢伙該不會哭了？
沒哭啦！

是說啊，課長居然會告訴高瀨這些事情。
搞不好…♡
該不會——
不會！不會！不會好嗎？
不會吧
我都有未婚妻了…
高瀨的女朋友終於升級成未婚妻了！
唉啊啊，課長壯烈犧牲了！
原來課長還有憤怒以外的情感啊。
仔細一看，她也是美女一枚耶。
傲嬌型？
你不是超討厭課長的嗎？
未婚妻…
春菜♡

如此這般。
課長已經跟大家和解，現在團隊的氣氛一級棒。
孝太郎也變得很有精神。
真是太好了！
得跟出口老師道個謝呢！
春菜，
感謝妳每次都為我操心。
牽個手吧
這次的事情也讓我發現，
只要能理解「當下」情況，辨別出正確方向，
就可以前往理想的未來。

所以，
我們雖然還不夠成熟，
但是一定會沒問題的…
我們結婚吧！
嗯！

邏輯就是預測

繪製出一條延長線

我們為什麼要學習歷史呢？

相信每個人認定的理由五花八門。譬如我認為歷史超級有趣，因此雖然不知道歷史是否能幫上自己的忙，還是學得不亦樂乎。有些時候，我們不只能觀古鑑今，還能夠放眼未來呢。

而文化為何如此重要？我們生於日本，因此不管是思考還是感性，都與日本文學、藝術、建築物、風土民情密切相關。文化絕非過時的老古董。我們必須將自身所處的「現在」與文化接軌，才能夠掌握美好未來。

試想，當一個人可以立足歷史、文化、傳統，並放眼未來，另一個人卻只能虛浮地立足於現在，彼此的底蘊與深度當然會大相逕庭。

正因為事物連貫不斷，才能夠預測未來。而這方面的思考能力也屬於邏輯思考的範疇。

經濟學家必須縝密地分析過去到現在的諸般資料，才能夠預測未來。可不會單憑當下的資訊，乃至於直覺，就輕易做出預測。而歷史學家同樣會透過因果關係去理解歷史。也就是說，學者都需要優異的邏輯思考能力。

所謂邏輯思考能力，是透過「過去」理解「現在」，進而掌握位於其延長線上的未來。而透過原因與結果的關係，位於其延長線上的全新結果也會跟著浮現。

數學是邏輯能力？

我常常聽到文組的學生抱怨，自己碰到單純的計算問題都能解開，但是一碰到文章類型的應用題目時，就一竅不通了。因此斷定自己果然沒有理工科的天分啊。有時候，一位學生原本希望上理工科系，卻可能因為數學方面的限制而改變自己的選擇。那麼，所謂理工科的才能究竟是什麼？

其實，即便是文章類型的數學題目，只要不脫「題目」範疇，就有「邏輯」可循。也就是說，文章類型的數學題目是以文字撰寫而成，學生必須從中推敲出邏輯，再轉換為算式這種數學語言。只要轉換為數學語言，接下來就剩下計算而已了。有些學生總是怨嘆自己欠缺理工科的才能，但是他們其實具備計算能力，只是缺乏文字方面的邏輯能力，絕對不是缺乏理工科的才能。

就像是這樣子，**人類的諸般智慧活動都建構於語言基礎上**，因此只要具備富邏輯的文字使用方式，就能夠幫助建立學習諸般學科的強健基礎，包括數學在內。

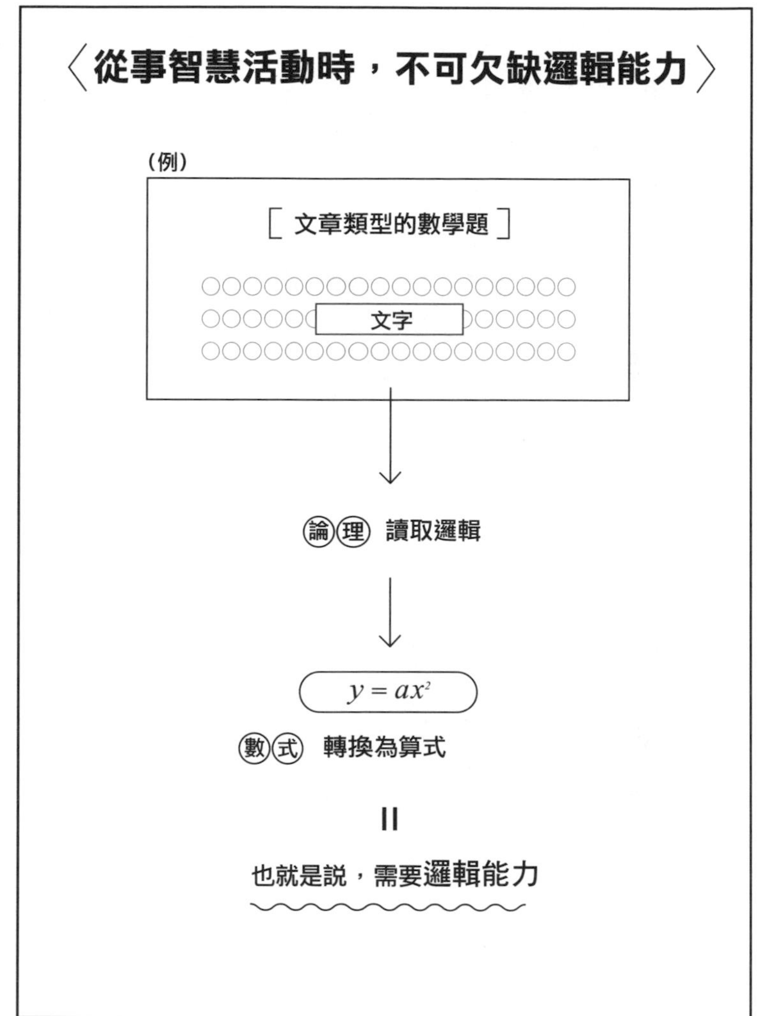
〈從事智慧活動時，不可欠缺邏輯能力〉
(例)
[文章類型的數學題]
文字
論理 讀取邏輯
$y = ax^2$
數式 轉換為算式
II
也就是說，需要邏輯能力

預測未來

所謂邏輯，也可以透過現有資訊推敲後續發展，幫助自己預測未來。

擅長數學的學生，一定也會先預測到後續的運算。譬如，當一道題目有兩種解法時，這類擅長數學的學生會先去想，哪種解法能更快獲得答案。正因為他們會先預測到後續的運算，因此即便運算出錯也能夠及時發現。但是那些數學較差的學生，卻只知道死背公式，埋頭做題目。他們必須先行運算，才會知道自己套的公式是否正確。有時候，他們因為無法先行預測後續的運算，因此直到做完整道題目，都還不知道自己算錯了。**就像是這樣子，即便是在數學領域，邏輯能力也會形成決定性的學力差距。**

那為何有邏輯力，就能預測未來呢？

其實，這都是運用了「因為、所以」這類表達因果關係的語言。

凡事都存在因果關係

與因果關係逆接

「我認真努力讀書。」

從這段話來看，我們會預測，這位學生的成績一定變好了。也就是說，我們已經下意識地做出預測。而這也是我們平常就會進行邏輯思考的證據。

如果結果跟預測一樣，我們就會使用那些能表達因果關係的接續詞。

「我努力讀書，所以成績變好了。」

這裡的「所以」、「因此」、「因而」都是用來代表因果關係的接續詞。只要正確使用這類接續詞，自然能讓思路運作具備邏輯。

相反地，若是結果與預測背道而馳時，則使用以下表達方式：

「我認真努力讀書，但是成績卻沒有變好。」

也就是使用「但是」、「可是」、「卻」等逆接的接續詞。

就像是這樣子，邏輯可謂貼近生活，並不難懂。而這也顯示，我們在說話時，其實都會不停地預測未來。

因此，當對方的說話內容與自身預測相同時，我們就比較容易接受；而若是與自身推測相駁斥，就容易產生辯論了。

但是如果說話欠缺脈絡，邏輯亂跳，很快就會害我們的思緒亂成一團。

因果關係與提出理由

提出理由，這是除了因果關係之外，另一個重要的元素。**我相信凡事都有理由**，因此我們在做出某些主張時，也必須提出明確的理由。除此之外，我們也必須根據對方的言行舉止，提出不同的理由，這點相當重要。

「我認真努力讀書，所以成績變好了。」這是一種邏輯表達方式。

「我的成績變好了，因為我認真努力讀書。」這則是另一種邏輯表達方式。

這裡的**「所以」、「因為」是一種「表示理由的接續詞」**。

A→（所以）B

針對以上結構的邏輯關係，A是B的理由。

A←（因為）B

針對以上結構的邏輯關係，B是A的理由。

換言之，所謂邏輯就是一種遵循最小限度原則的用字遣詞方式。而只要透過後天的學習、訓練，任誰都可以加以掌握。

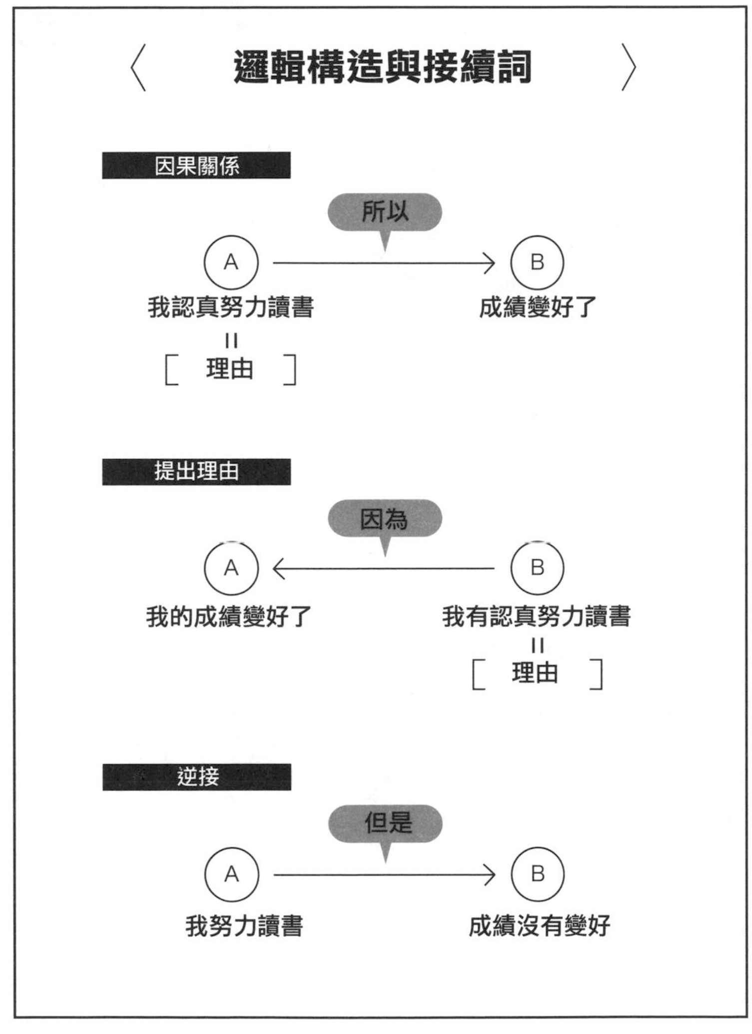
〈　邏輯構造與接續詞　〉
因果關係
所以
A
B
我認真努力讀書
成績變好了
＝
［　理由　］
提出理由
因為
A
B
我的成績變好了
我有認真努力讀書
＝
［　理由　］
逆接
但是
A
B
我努力讀書
成績沒有變好

溝通時提高說服力的訣竅

缺乏他者意識

那麼何謂「富說服力的表達方式」？

答案是「有道理的表達方式」。**也就是說，只要在表達時具備邏輯，即便是他者也能互相理解。**

相反地，在面對家人、親朋好友時，反而會欠缺他者意識。此時我們往往會認為即便說話欠缺邏輯，還是能夠與對方相互理解。如此一來，反而會陷入彼此漸行漸遠的狀態。

在第二章的漫畫當中，金子課長所帶領的團隊業績不振，再這樣下去，下屬就要面臨被裁員的命運。而金子課長相當體惜下屬，同時具備強烈的責任感，因此力求提升業績，重振旗鼓試圖讓業績上軌道，以致苛求下屬。「出事情的話，我會扛下來。」金子課長這麼說。明明是團隊一起做事，她卻想要獨自擔起責任。那為什麼金子課長仍然不得下屬喜愛呢？

「你的腦袋昏昏沉沉，如果因此犯錯，到時會很麻煩啊。」孝太郎昏倒住院時，原本想要馬上回到工作崗位，但是金子課長卻如此回應。

針對上述發言，在此我不妄加揣測孝太郎聽到會怎麼想。但是相信金子課長心中不無怨嘆，自己明明如此體惜下屬，下屬卻完全不領情。

說到底，這都是缺乏他者意識造成的悲劇。

考慮事情時，是根據因果關係，還是自己設定的理由呢？

該說都是金子課長的錯嗎？我想絕非如此。明明金子課長一定是有自己的苦衷，才會對下屬如此嚴格，但是下屬卻沒有人能想到這件事，只是一股腦地認為金子課長性格惡劣。**由於下屬們已經陷入停止思考的狀態，自然也不會**

想到什麼好的解決方法了。

以金子課長的立場來看，她會用以下的因果關係來看事情。

業績不振會導致下屬被裁員。

↓（所以）我必須要嚴格地鞭策他們，設法讓業績提升。

以下屬的立場來看，他們則必須要學會自己提出理由。

金子課長會嚴格地鞭策下屬。

↓（因為）業績不振會導致下屬被裁員。

人類是社會動物

春菜並不理解孝太郎的煩惱。她只一味地煩惱最近與孝太郎約會的次數變少，交往這麼久，為什麼還沒有被求婚等事情。但這全都是她的主觀視角，並沒有站在孝太郎的視角看事情。

除此之外，**事出必有因**，相信孝太郎也是因為某些原因，才會沒時間與春菜約會。如果春菜有察覺到這件事情，相信對孝太郎的言行舉止將會有所不同，而孝太郎也將樂於向春菜傾訴煩惱。

也就是說，大家都傾向於用主觀視角看事情，在心中某處認為對方是錯的。如此一來，人際關係怎麼可能會好呢？

人類是社會動物，無法離群索居，相信真正的壞人也不會太多

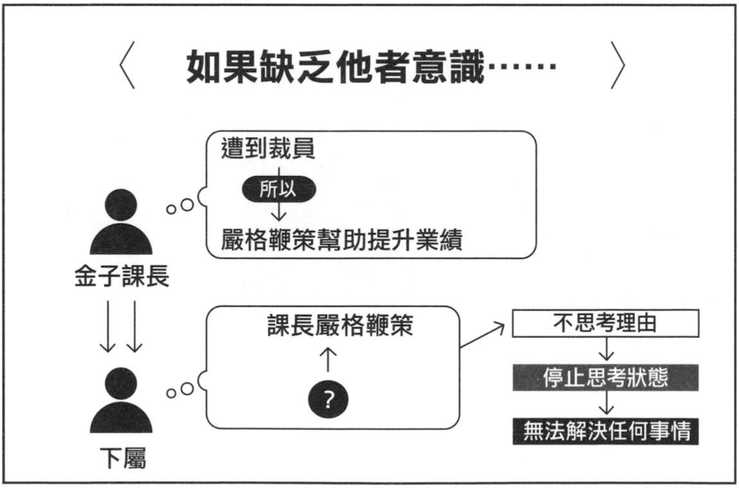

〈 如果缺乏他者意識…… 〉

吧？

但是因為彼此都用自己的主觀視角看事情，才會把自己看成是悲劇主角，並把對方視為壞人（國家間之所以會打仗也是如此）。

既然無法離群索居，我們就必須彼此信賴，團隊合作，否則不管是工作還是愛情都會變得一團糟。而他者意識與邏輯思考在其中至關重要。

第 3 章

邏輯思考的基本原則②
掌握等於關係

春菜媽媽、早川太太、松田太太、
妳們的共同點是「家住很近」、「有小孩」、「愛刺繡」，
而這些共同點也把你們連接在一起。

如何？我是新娘子囉！
好好好，恭喜妳啦！
踏踏踏踏踏踏♪
你比較喜歡偶像明星還是相撲選手!?
story 3
喂……
我還沒答應這門婚事啊！

那不是我的繡框嗎！
還有待洗的床單呢！
喂…
喂！
用完要擺回去喔～
好唷～
嗯？幹嘛？
……
……
幫我拿遙控器。
來～接個捧花
喂喂，別用丟的！

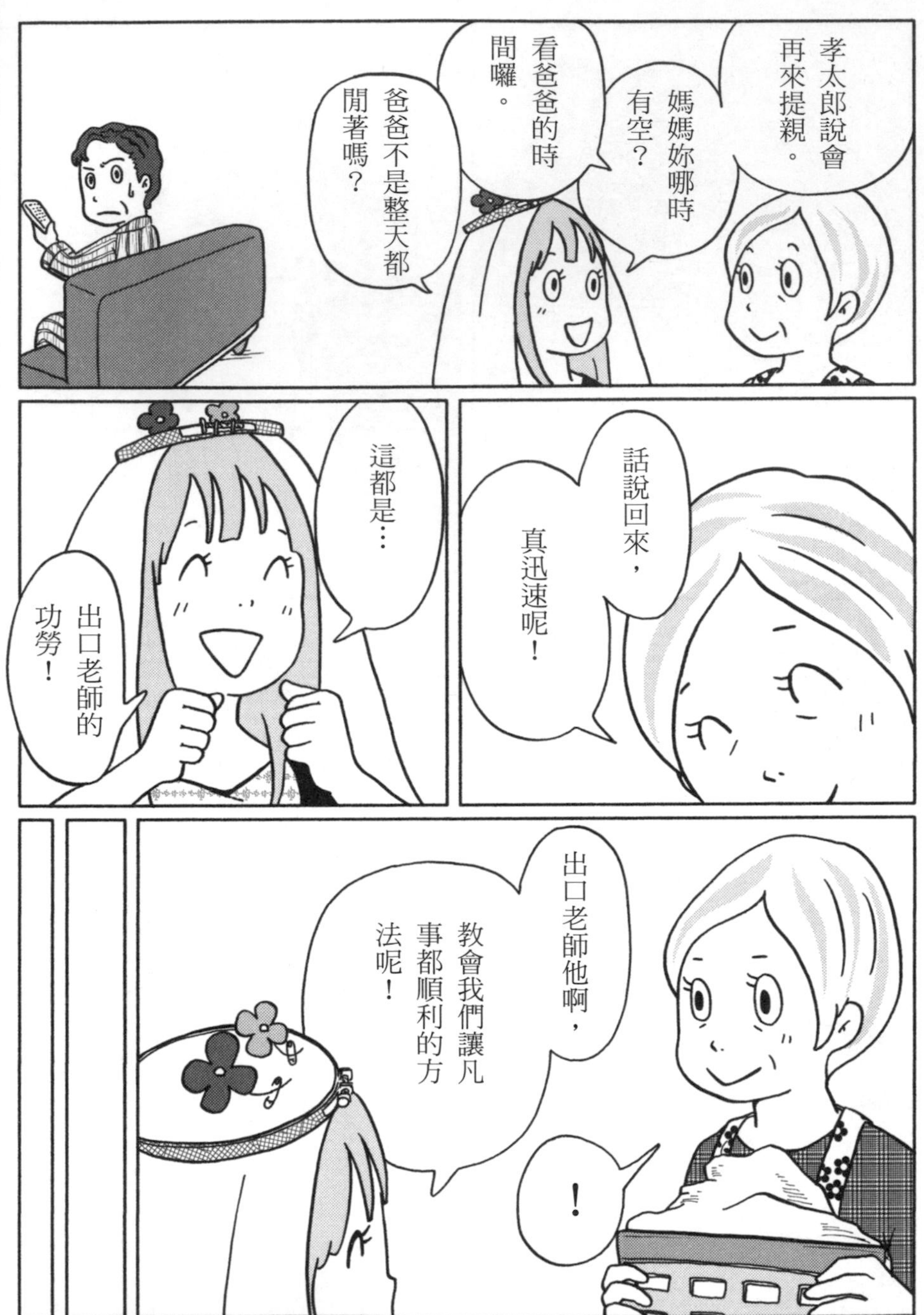
孝太郎說會再來提親。
媽媽妳哪時有空？
看爸爸的時間囉。
爸爸不是整天都閒著嗎？
話說回來，真迅速呢！
這都是…
出口老師的功勞！
出口老師他啊，教會我們讓凡事都順利的方法呢！
！

出口汪 演講會
以邏輯思考開拓未來
熱鬧
熱鬧
熱鬧

來這趟真是太值得了……
很棒的演講內容。
出口汪

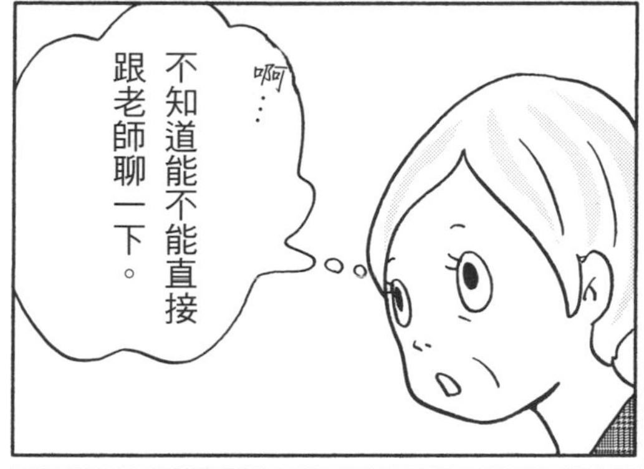
啊……
不知道能不能直接跟老師聊一下。

看來是不能……

啊！春菜媽媽！
恭喜啊～
春菜要結婚了。
！
啊！都是老師您的功勞啊…
真的很感謝您的照顧。春菜她也很信任老師，認為您能幫忙解決任何事情…
我很開心能幫上忙。
如果有我能幫得上忙的地方，儘管開口！

……
老師再見！
話說……
再見——

那個……
我在想老師是否也能幫我解決煩惱。
不知老師是否有空呢？

當然！
發生什麼事情了呢？

太好了！
謝謝您！

其實是人際方面的煩惱。
是這樣的…我們三個人，
也就是我、早川太太、松田太太稱得上是好朋友三人組…
大家住得很近，小孩歲數相近，加上都有刺繡的興趣，
所以常常會混在一起。
嗯哼
嗯哼
有共同點的人，比較容易相處融洽呢。
春菜媽媽、早川太太、松田太太，
妳們的共同點是「家住很近」、「有小孩」、「愛刺繡」。
而這些共同點也把你們連接在一起。

是啊。
但是她們卻因為在一點小事上意見不同，之後關係就變得不好。
明明以前大家看事情的角度都一樣，煩惱也差不多，
現在意見不同的地方卻越來越多…
但是人類有不同的地方很正常啊！
咦？
不管關係再怎麼好，有多少共同點，
也都必須要具備「他者意識」，去尊重不同的個體。
那我該怎麼做，才可以讓她們和好如初呢？
妳可以試著抱持他者意識，大家再一起聊看看。
如果妳覺得無妨，我也可以陪同唷。
!!
謝謝老師！麻煩您了！

妳怎麼會在這裡？
這是我的台詞吧！
抓抓
抓抓
喵喵
喵喵
D's プロ
先請消消氣。
如果方便的話，可以說說妳們生氣的原因嗎？
其實都是一些…
無聊的小問題啊。
才不無聊呢！

我很喜歡一個叫做HARERU的偶像團體，
團員都是帥哥，個性也都率直。
但是早川太太卻說他們的壞話。
我沒有說他們壞話啊。
他們不管是唱歌或跳舞，都比我喜歡的AMOP要差一點。
我只是這樣說而已啊。
…
HARERU的舞最棒了！
話說回來，春菜媽媽，
妳喜歡什麼東西呢？
咦？
我嗎？

這跟現在的問題有關係嗎？
說起來，我們還沒聽過君子妳喜歡什麼呢。
對啊，君子妳喜歡什麼啊？
HARERU？
AMOP？
這個嘛……
我果然還是最喜歡……
大相撲！
我年輕時追千代富士可追得兇囉。
之後啊，我也一直是個相撲迷♡
那種瞬間決定勝負的認真氛圍，
嚴謹的生活態度，
偶像團體可沒有力士那種硬派的魅力呢。

譯注：行司是日本大相撲比賽的裁判。

我是不懂相撲世界的魅力啦。
君子妳也太好玩了吧
哈哈哈
哈哈哈
我也完全不懂！
太出人意料了！

嗯！
那就對了。
哈哈哈哈哈

有共同點，也有不同的地方。
這才是人類嘛。

讓我們試著整理其中的邏輯關係，
在偶像這個框架當中，存在著 HARERU 跟 AMOP 這兩個不同團體。

只要把視角拉得更廣，

原本看起來完全不同的地方，也會轉變為共同點呢。

大家平常都只從自己的視角看事情，

但是改變看事情的視角也很重要呢！

抓抓

抓抓

抓抓

如果強求別人
「理解自己喜歡
的事物」，
那就跟強迫別人
喜歡上她本來不
喜歡吃的食物一
樣。
大家一定都有些
地方一樣，有些
地方不一樣。
我認為重點在於，
重視彼此的共同點，
並尊重對方與自己
不同的地方。
早川太太，
抱歉我說了那麼多
失禮的話⋯
松田太太，我才
應該向妳道歉呢。

AMOP 也有很多好聽的歌呢。
對啊！
其實我也很喜歡 HARERU 的一宮唷～
但是，
我們還是不懂大相撲哪裡好？
特別是行司
哈哈哈哈哈哈哈哈哈哈
不用勉強啦～
太超乎想像了！
太好了…出口老師，謝謝你。
請幫我續杯紅茶。
好唷
抓抓抓
抓抓抓
抓抓抓
要借您 AMOP 的 DVD 嗎？
呵呵…這個嘛…

何謂「等於關係」？

用字遣詞的原則

所謂邏輯，亦即用字遣詞的原則。

在因果關係的句型中，我們會使用「所以」；在提出理由的句型當中，則會使用到「因為」。**原本某件事情看起來可能顯得模糊不清，但是在意識到上述用字遣詞的原則之後，就可以明確地意識到事物全貌，並邏輯清晰地將之轉述給他者**。過程當中，我們思考的方式也將跟著改變。

當然了，如果凡事都把「所以」、「因為」等語句掛在嘴邊，可能又顯得太過循規蹈矩，所以還是默默地在腦海中使用這些語句幫自己整理思緒就行了。

「等於關係」，這是與因果關係、提出理由一樣重要的用字遣詞原則。但有各式各樣的「等於關係」類型，這邊請各位先回想算數、數學當中的「等於」。

$3x+4=16$

$3x=12$

$x=4$

全都因為有「等於關係」，以上計算才能夠成立。如果其中有任何一處並非「等於關係」，計算就會出錯。

而**「等於關係」絕不等於重複同一件事**，這部分挺容易遭到誤解的。以下舉例說明。

$x=1$

$x=1$

$x=1$

這種算式不可能成立，畢竟重複相同的計算，根本沒有任何意義。

即便是數學算式，算式也一定會變形。

事物會不斷地變形

「世間萬物都會互相吸引。」

這是各位耳熟能詳的牛頓「萬有引力法則」。

根據此法則，蘋果與地面相互吸引，所以蘋果會掉落地面。

而地球與太陽同樣互相吸引，由於太陽比地球重很多，所以地球會繞著太陽公轉。

上述都是「等於關係」，所以全數正確。

而在「等於關係」當中，**事物會不斷地變形，而非單純地重複**。

假設A的內容是「世間萬物都會互相吸引」。而A會不斷地變形，因此會有以下情形。

A「世間萬物都會互相吸引」

＝A'1 蘋果掉到地上

＝A'2 地球繞太陽公轉

此時的A為抽象敘述，A'則為具體事實。

「等於關係」就是這樣在抽象敘述（A）與具體事實（A'）間來回變形。

具體案例、體驗、引用

假設各位的主張是A。

那麼各位該怎麼做，才可以向他者正確表達A這項主張呢？

假設各位要舉出具體案例藉此佐證A。此時具體案例與A之間就會形成

「等於關係」。

A（主張）

=

A'（具體案例）

如果所提出的具體案例越多，也越能讓對方認同，相信對方最後就會對各位的主張點頭同意。

通常提出企劃書等書面資料時，都會配合佐證資料。若是其中的主張與佐證不構成「等於關係」，也就代表所提出的主張欠缺邏輯。

相較於A（主張），A'（具體案例）在此時自然會顯得更為具體。

以邏輯思考來說，過去所見所聞，都可以作為具體案例，用以佐證自身主張（A）。**體驗（小故事）可說是具代表性的A'。**

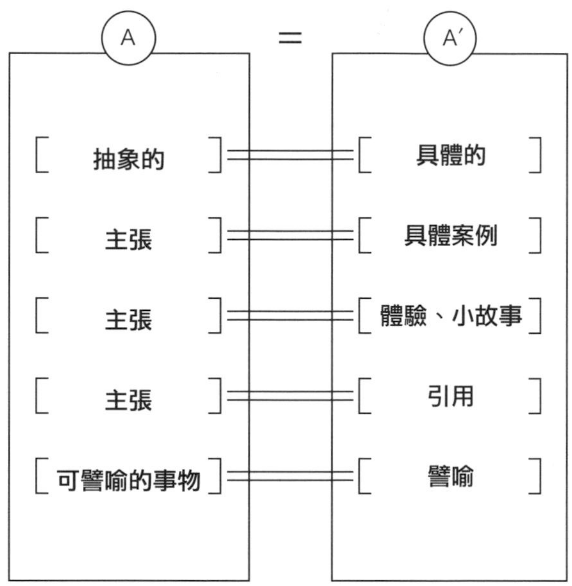
〈　有邏輯性的「等於關係」　〉
A
=
A′
抽象的
具體的
主張
具體案例
主張
體驗、小故事
主張
引用
可譬喻的事物
譬喻
如果所提出的主張無法構成以上關係，則欠缺邏輯。

A（主張）

=

A'（體驗、小故事）

此時兩者間同樣形成了「等於關係」。

而各位若是引用名言佳句，乃至於各種古典故事，同樣是為了佐證自身主張（A），因此也會構成「等於關係」。

A（主張）

=

A'（具體案例、體驗、引用）

唯有善用以上所述的「等於關係」，我們才能夠在思考、說話、書寫等方面都富有邏輯性。

 譬喻

除了前述所提，還有另一項重要的「等於關係」。那就是譬喻。

譬喻必須具備「等於關係」才能夠成立，絕非全憑感覺。

當各位的主張過於抽象時，對方可能會感到「似懂非懂，有些抓不到重點」。此時各位若是能將主張代換為平易近人的事物，有時候對方也許就會恍然大悟了。這就是譬喻法，能夠構成以下的「等於關係」。

A（主張＝可譬喻的事物）

＝

A'（譬喻）

「抽象化」概念的應用

意識到共同點吧！

請各位回想第一章的內容。當時我說明只要擷取A同學、B同學、C同學的共同點，就會形成「男人」的概念。就像是這樣子，**這種擷取彼此共同點的作法稱為「抽象化」**。也構成了以下的「等於關係」。

A'（具體）A同學、B同學、C同學
=
A（抽象）男人

有了這層等於關係，使得我們的思考會在具體與抽象之間遊走。

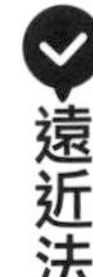

遠近法

「視野狹隘」是個常用的詞彙。

「自己的小世界」、「家庭」、「公司」、「社會」、「日本」、「世界」、「地球」、「宇宙」。根據看世界的方式不同，抽象程度也會越來越高。極端地說，若是能站在宇宙層次看待事物，人的視野可就寬廣到極點了。

但是**基本上，人類都只會對與自己切身相關的事物抱持強烈關心**。借美術技法來形容，有個繪畫技巧稱做遠近法。其主要概念是：**以自身作為起點，離自身越近者則越大，離自身越遠者則越小**。

所以，自己的小孩考試考不好，其關切程度比起地球某處有小孩餓死要來得重大許多。

若是找不到方法解決自身煩惱時，不妨試著稍微提高抽象程度，以宏觀視野重新思考。當你眼光放遠，冷靜思考後，有時候甚至會因此覺得，自己為雞毛蒜皮大的事情唉聲嘆氣真是愚不可及。

這就是「俯瞰視角」。

反過來說，各位可以發現，人類容易因為遠近法而只對周遭事物抱持關心。**因此當各位的主張越是抽象時，越是該提出與對方切身相關的具體案例來補充說明，這種做法相當有效**。

只要能巧妙運用A與A'之間的「等於關係」，就能夠隨心所欲地切換自身視角。

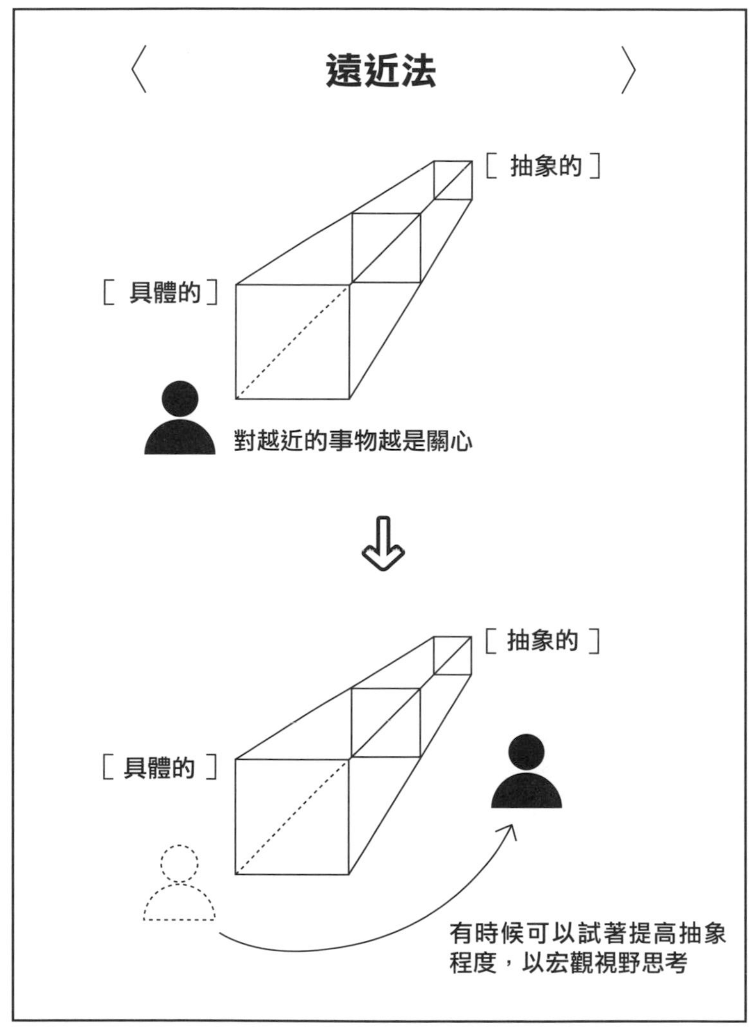
〈　遠近法　〉
［ 抽象的 ］
［ 具體的 ］
對越近的事物越是關心
［ 抽象的 ］
［ 具體的 ］
有時候可以試著提高抽象
程度，以宏觀視野思考

看事情的角度不同，事實也會跟著改變

貨真價實的「修辭學」

即便是同樣一片景致，看在每個人眼裡仍會有所不同，因為我們都會根據自身觀點，對其進行重塑。**理所當然，因視角不同，同一片景致看起來也將大相逕庭。**

以遠近法來說亦然。根據視角不同，同一片景致看起來會南轅北轍。隨著視角與目標景物間的距離發生變化，眼前景致的視覺感受將與原本截然不同。

而「修辭學」正是一門採不同視角描述事物，藉此做出不同呈現的學問。

譬如有一圓柱體，從正上方看起來是圓形，從正前方看起來則是長方形。如果總是從正上方看這個圓柱體，可就絕不會想到，這圓柱體竟然是個長方形。因此有時候刻意採不同方式敘述，反而能從中窺見新意。

總是抱持自身主觀看事情的人，若是能改站在對方視角看事情，世界觀也將隨之發生變化。

譬如在看事情時，男人改站在女人的視角，女人改站在男人的視角；大人改站在小孩的視角，小孩改站在大人的視角，藉由視角切換就能夠發現向不同存在表達自身主張的表達方式。

這就是**貨真價實的修辭學**，也可說是邏輯思考的一大技巧。

一旦能透過「等於關係」自由自在地切換為不同視角看事情，就能夠以各種角度重新審視這個世界了。如此一來，我們也將獲得柔軟的思路。

如何分辨「＝」與「⇔」

在第三章的漫畫當中，春菜媽媽提出了問題。

春菜媽媽、早川太太、松田太太等三人之間，存在著「家住很近」、「有小孩」、「愛刺繡」的「等於關係」。**卻也因為有著這層「等於關係」，當朋友間發現彼此有明確的不同時，才會更顯得勢同水火**。

早川太太與松田太太都拼命支持自己喜歡的偶像團體，不可容忍對方喜歡不同的偶像團體。她們都自以為是地將自己的價值觀強加在對方身上，不肯有絲毫讓步。

但是只要換個視角，「等於關係」與「對立關係」將會自在變化。

譬如，春菜媽媽是大相撲愛好者，而且特別鍾愛其中的行司。相較之下，早川太太與松田太太都是偶像團體愛好者，屬於「等於關係」。如此一來，她們根本沒有互相對立、勢同水火的理由了。

〈視角不同，構造也跟著改變〉

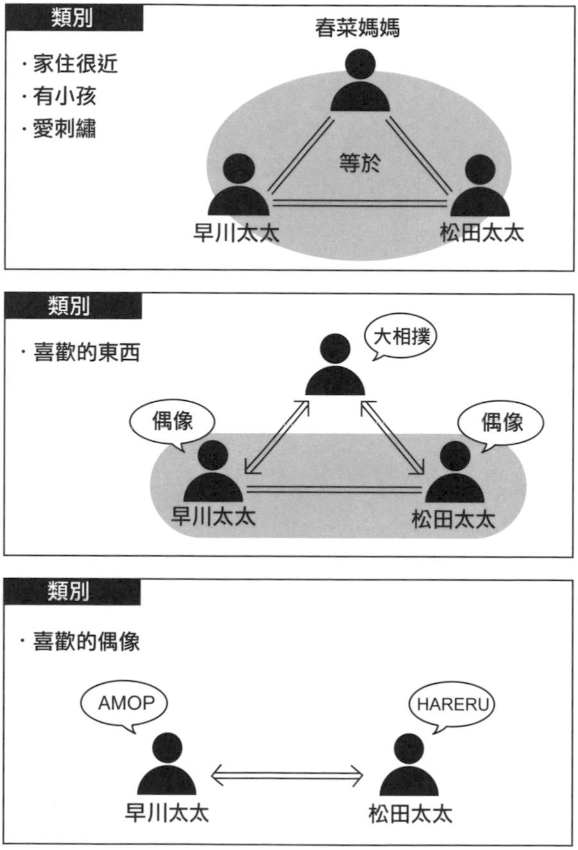

類別

・家住很近
・有小孩
・愛刺繡

春菜媽媽
等於
早川太太
松田太太

類別

・喜歡的東西

大相撲
偶像
偶像
早川太太
松田太太

類別

・喜歡的偶像

AMOP
HARERU
早川太太
松田太太

談到邏輯，各位或許會對邏輯這個詞抱持著「道理一堆」、「艱澀生硬」等刻板印象。**但邏輯其實是一種巧妙技術，需要具備柔軟的思路，才能夠自由自在地改變自身視角，重建世界觀。**

在日常生活當中，常常會有某些事件乍看之下屬於「對立關係」，但是在提高抽象程度之後，反而轉變為「等於關係」的情形。

第 4 章

邏輯思考的基本原則③
理解對立關係

風鈴聲 風鈴聲
歡迎光臨！
啊！
story 4
出國工作，還是結婚？
嗨～
老闆！
好久不見！
今天也露出胸毛啊！
很性感吧？

接待客人時還是別露胸毛吧。
掉毛的話可就不衛生了！
啊，不用了不用了！
我去叫店長！
今天…
我是特地來找妳的。
咦？
啊！
難道你之前去法國出差時，做了什麼不可告人的事？
我可是店長這邊的人，我會把真相全跟她說唷。
老闆
夫妻
店長
才不是…

妳真的很不怯場呢。
很好！
合格了！
妳應該知道，我們要在巴黎開分店的消息吧？
嗯，
我有聽說。
我希望——
由春菜來擔任巴黎一號店的店長。

Paris
Paris
由我…
擔任巴黎咖啡店的…
Paris
Bonjour
店長？
Paris
Paris

就是我推薦春菜的。
沒錯。
店長！
妳大學就是念法文系，
而且也在巴黎留學過。
加上個性也很開朗，
妳不覺得這份工作超適合妳的嗎？
嚮往已久的巴黎生活…
我願…願意…！

啊——
遙遠
我們結婚吧！
啊！
請讓我⋯⋯
再稍微考慮一下。
我們等妳回覆喔。

嘟嘟嘟嘟嘟嘟……
來電
小笠原春菜
怎麼了？
我正在上班。
那個…
咦？
妳要去巴黎…？
我很煩惱該怎麼辦。
當咖啡店長，
去法國…
真的是巴黎嗎？
嗯。

春菜就照自己的想法去做吧！
這是個大好機會，
妳不必顧慮我！
照我的想法去做……
那就先這樣吧，我在忙。
掛斷
啊……
跑步……
照我的想法去做？

不行不行不行不行！妳絕對不行去！妳應該跟孝太郎一起待在日本！
嗯——
很棒耶！這可是大好機會喔！一定要去啊！要是我，就直接衝了！
老媽反對妳去法國喔。
畢竟女人還是要有家庭才有幸福啊。
說什麼要離家，簡直亂七八糟。
再說…
我也還沒有答應你們的婚事。
妳去跟孝太郎見面談談吧。
這樣馬上就會有答案的。
喂！春菜！
妳有在聽我說話嗎？
唔…我到底應該怎麼辦？

唉
風鈴聲
風鈴聲
請問還有營業嗎？
不好意思！
今天已經打烊了…
出口老師！
如果蛋糕還有剩，可以外帶嗎？
三個
我馬上為老師準備。
啊！
啷啷啷啷

抱歉，我馬上收拾。
妳還好吧？
唉～
有心事嗎？
老師…
你聽我說啦…

原來如此。
我來整理一下春菜的心情唷。
……
……
一個人去法國
好處
1.成為店長。
2.住在嚮往已久的法國。
留在日本
好處
1.和孝太郎共組家庭。
2.親朋好友都在附近。
首先好處差不多是這樣吧。
是啊。
兩種選項都有好處，所以我才會這麼煩惱。
春菜啊，
「煩惱」可不等於「思考」唷。
煩惱只是單純的徬徨失措。
思考則是梳理事物，再做出判斷。

剛剛我們整理出一個人去法國，以及留在日本分別有哪些好處。
如果要春菜去排自己重視的優先順序，妳會怎麼排呢？
妳可以試著想想，對自己最重要的東西是什麼？
一個人去法國
好處
1.成為店長。
2.住在嚮往已久的法國。
留在日本
好處
1.和孝太郎共組家庭。
2.親朋好友都在附近。
最重要的東西？
而且啊，在這兩個選項之外，或許還有其他的答案。
咦？
什麼意思？
這稱做「辯證法」，以相互對立的兩個想法為基礎，想出更好的解決方法。
簡單來說，就是答案不只一個的意思囉。

風鈴聲
風鈴聲
春菜~
我最…
重要的東西。
嘿~
老闆！
啊！
辛苦了，還有客人在啊。
水果塔跟奶油蛋糕…
今天露更多胸毛了…
已經快要犯公然猥褻罪啦

關於要不要去巴黎工作的事，
妳決定好了嗎？
是的，
我才剛剛拿定主意，
我決定好了。
真的很感謝老闆的厚愛，
但我還是決定留在日本。
碰
碰
碰
春菜！

我們一起…
呼呼呼
呼呼呼
去法國吧！

春菜 妳完全都不⋯⋯
呼
啊！
呼
我的電話。
接⋯⋯
我就來了。
呼
抱歉！我今天手機放在家裡。
你說什麼？一起去法國⋯⋯
咦？
啊，孝太郎，難道你是想當家庭主夫嗎？
不會吧！
那樣也不錯呢！
剛好前陣子有消息說我們巴黎分公司缺人，
講完電話後，我想起這件事，就跑去找上司談了。

結果馬上就成功談好調職了！
真的嗎？
太棒了！
Très bien !
春菜，
拍手聲
拍手聲
拍手聲
那現在妳願意去法國嗎？
願意！

啊，不好意思，我突然衝進來打斷你們。
孝太郎！
不會啊，戲劇性的轉變，感覺像是電影情節一般。
真感人！
雖然穿得很蠢
孝太郎其實也是熱血男兒啊。
啊！出口老師您也在啊。
看來你們倆，
已經能心心相印了呢。
孝太郎拼命趕來跟妳說這件事。
這種將視角拉高，藉此讓不同立場統一的方法就是「辯證法」。

那麼，
其實店面已經開始裝潢了，所以下個月起就要麻煩妳囉。
好快！
下個月!?
啊！
這也、也、也太快了吧！
那麼事不宜遲，
我們也得快點舉辦婚禮囉！

對立關係的核心是「對比」

大腦運作會遵照語言原則

「對立關係」是在向他者表達自身主張時，與「理由、因果關係」、「等於關係」同等重要的語言原則。

我們的大腦跟電腦有異曲同工之妙，如果不透過「語言原則」加以整理，就會處於混沌狀態，無法正常思考。

仔細想想，我們其實早就不自覺透過「等於關係」、「對立關係」整理外界諸般事物，譬如：「男女」、「天地」、「紅白」、「好惡」、「冷熱」、「優劣」、「口味好壞」等等。跨越時代與民族隔閡，這是人類共通的特性。如此想來，我們不得不認為，人類的大腦大多是透過上述方式掌握世間萬物的概念。

舉例來說，我們會說今天好「熱」。而貓狗雖然不會邏輯語言，但同樣會有「熱」的感覺。但這是牠們的皮膚，乃至於神經產生了「熱」的感覺，貓狗本身並沒有何謂「熱」的認知。**只有人類能夠透過語言整理出「今天好熱」、「今天好冷」等認知。而這邊所說的語言自然就是「邏輯語言」了。**

如何表達自身主張

那麼我們又該怎麼表達自身主張呢？

當我們必須提出A這項主張時，就代表一定存在名為B的相反主張。畢竟若是大家的主張都是A時，你又何必要特地去提自己的主張呢？**因此當我們提出A這項主張時，必須持有清晰的思緒，確實意識到屬於相反意見的B。**

在歐美教育當中，辯論可說是稀鬆平常的環節。所謂辯論，是一種刻意提出互相駁斥的主張A、B，讓正反兩方設法透過邏輯思考辯贏對方的活動。在邏輯思考當中，「對立關係」就是如此重要。

舉例來說，當我們設法說服對方時，就要提出自身主張，並有邏輯地否定與其對立的相反主張。這是常見的辯論技巧，但是在商場上卻容易令對手產生故意找人吵架的疑慮，因此並不建議這麼做。而在「對立關係」當中，「對比」是一項極為常用的邏輯思考技巧。

「對比」的特徵

使用「等於關係」向他者表達主張A，基本做法是提出具體案例與自身體驗作為證據；相較之下，「對立關係」的**「對比」則是會提出與主張A互相對立的主張B。**

對比的特徵在於，主張B只是用來側面佐證主張A，主張B本身並不重要。

舉例來說，在論述日本時，我們會拿西方諸國來做比較，藉此讓日本的特質更為鮮明。這種「比較法」也是對比的一種。

江戶時期，日本實施鎖國政策，因此人們幾乎沒有「日本」、「日本人」等概念。但是自從黑船開港以來，日本人終於被迫正視西洋列強，也逐漸形成日本、日本人等國籍概念。

如同上述舉例，對比可說是種常見的論述方法。而我們在生活中也幾乎都是下意識地使用這種技巧。而若是能刻意使用這種技巧，我們就可以跳脫混沌，在思路清晰的狀態思考事物。

試著將構造圖像化

在日常生活當中，我們總是會下意識地使用「等於關係」、「對立關係」等技巧，但光是這樣，並不能稱得上是邏輯思考。因此，可以使用「**圖像化**」這種有效的方法，讓我們刻意運用上述技巧。

將邏輯構造圖象化之後，癥結點也將獲得整理，進而得以明確掌握思考重點。除此之外，視覺化也能夠讓邏輯構造一目了然。

當春菜的老闆詢問她，是否願意擔任法國分店的店長？由於事出突然，以致春菜心亂如麻，一時之間無法整理好自己的思緒。因此出口老師透過圖像化的方式，幫助她整理出問題的癥結點。

一個人去法國的好處是「能住在嚮往已久的法國」、「成為店長」；相較之下，壞處則是「要與互許終身的孝太郎，以及親朋好友分隔兩地」、「無法與家人住在一起」等等。這支老闆拋出的橄欖枝，好處與壞處可謂互為表裡。

A 去法國　　能住在嚮往已久法國。
　　　　　　成為店長。

⇦⇨

B 留在日本　與孝太郎共組家庭。
　　　　　　留在親朋好友身邊。

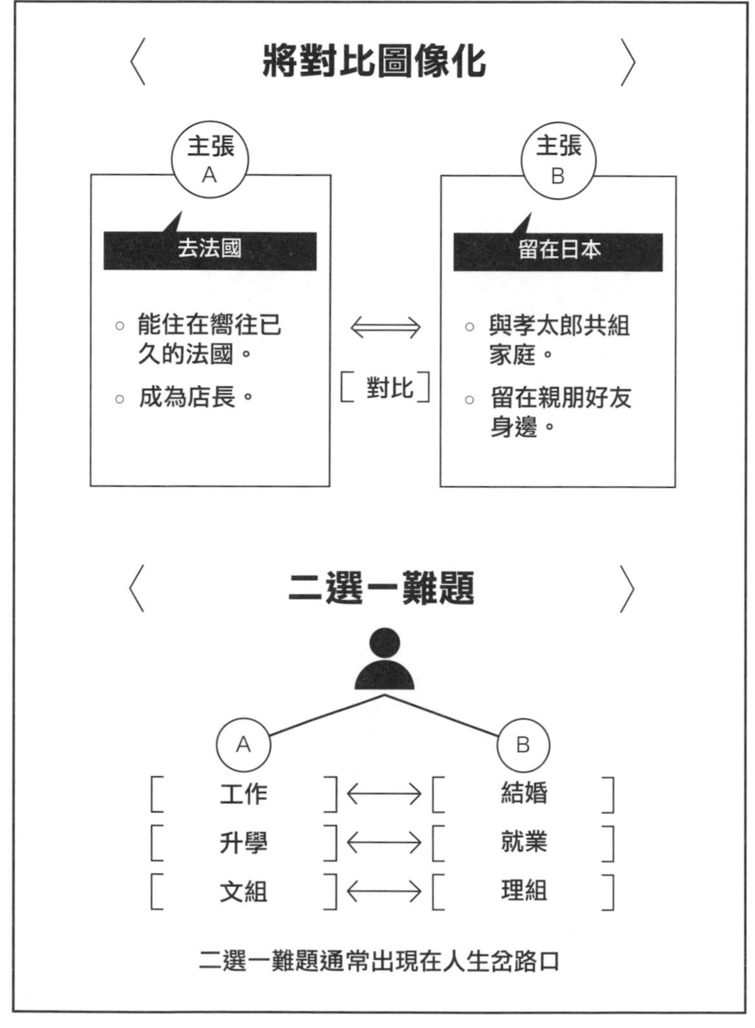
〈 將對比圖像化 〉
主張 A
去法國
○ 能住在嚮往已久的法國。
○ 成為店長。
⟺
［對比］
主張 B
留在日本
○ 與孝太郎共組家庭。
○ 留在親朋好友身邊。
〈 二選一難題 〉
A
B
［ 工作 ］⟷［ 結婚 ］
［ 升學 ］⟷［ 就業 ］
［ 文組 ］⟷［ 理組 ］
二選一難題通常出現在人生岔路口

這種非A即B的選擇題，稱做「**二選一難題**」。人生當中，我們不時會面臨這種選擇題。諸如：「工作或是結婚」、「升學或是就業」、「選文組還是理組」等，二選一難題通常出現在人生岔路口，大多是至關重要的決策。

而此時的最大重點在於，明確分辨出自己最重視的事物。譬如，比起工作與自己的夢想，春菜選擇了自己對孝太郎的愛。

寫企劃書、談生意都派得上用場的邏輯思考技巧

善用對比技巧

具備邏輯思考，是撰寫企劃書、談生意時最重要的要素。說話欠缺邏輯，令人難以苟同；而缺乏邏輯的企劃書，同樣令人難以接受。

圖像化則是一種特別有效的技巧，能夠讓邏輯構造一目了然。

舉例來說，當我們向顧客推銷自家產品時，通常都必須先假設，對方正在迷惘是否該購買其他家產品。話雖如此，假設此時只是單純主打自家產品的好處，只會讓消費者更想貨比三家罷了。

照常理來說，顧客都會選擇第二家公司所販售的產品。畢竟後面的公司能以前一家公司的產品作為比較組，藉此推銷自家產品。**過程中自然會用到對比的技巧，可想而知，對顧客而言第二家公司的說明內容當然更加強而有力**。

好的企劃書，需有齊全的具體案例

不管是談生意，還是撰寫企劃書，都需要具備邏輯。但是兩者的方法卻有微妙差異。

撰寫企劃書時，**我們必須假設，讀者是不特定的多數人**。有時候，你的企劃書可能還會被拿去影印，落入意想不到的人手中。

如果對象站在自己眼前時，除了邏輯之外，表情、語氣、聲調、儀態、服裝也都會列入考量要素；但是文件卻是以不特定多數作為閱讀族群，因此**比起自身的意見，充實的佐證資料才是重點**。

此時就要利用「等於關係」了。

例如，在撰寫一份書籍販售企劃書時，我們必須盡可能在一開始就蒐集齊全正確的數據資料。譬如：該領域書籍的販售實績、主要閱讀族群、市場大小等。這些數據都是具體案例，亦是「等於關係」。

當然了，我們不能夠盡是受限於過往數據，否則難以產生嶄新的發想。但也不能一問三不知，想當然耳，企劃書是不會通過的。

首先，各位應該先正確地分析現狀，從而擬定戰略。同時大膽構思，藉此吸引顧客目光。當然了，各位也要提出理由與具體案例，充分說明企劃的核心理念。

企劃書是否能順利通過，可都取決於邏輯思考呢。

善用體驗與引用，達成商談成功

商談生意的情況與撰寫企劃書不同，必須直接與對方見面，因此不同於企劃書以不特定多數為對象的表達方法。

人類是情感動物，容易受到自身好惡支配，**因此首先各位必須取得對方信**

賴，才能開始正式談生意。有鑑於此，**「他者意識」這項站在對方視角思考的技巧相當重要**。當然，談生意也是在向對方表達自身主張，因此邏輯能力同樣是項強大的武器。

而商談生意的過程中，比起具體案例，**「自身體驗」、「引用」往往更加有效**。若是能夠結合自身體驗與小故事，將能讓你所提出的主張變得更具說服力。因為人類通常在訴說自身的所見所聞時，敘事方式會更顯得生動活潑，也更能觸動對方。

有時候，搬出名言，乃至於共同朋友的話語、感想等等，也是頗為有效的做法。這類「引用」同樣屬於「等於關係」的範疇。**透過引用，名人將會成為自己強大的後盾**。

此時，可不能一直環繞在用以佐證自身主張的A（具體案例、體驗、引用）上，也得留意競爭對手的產品優劣才行。

〈寫企劃書與談生意的表達方式差異〉

企劃書

- 對象為不特定多數
- 不涉及表情、語氣等邏輯以外的要素

↓

［邏輯欠缺佐證資料，則難以服人］

↓

（具體案例相當有效）

商談

- 當面向對方表達
- 人類容易受到自身好惡支配

↓

［邏輯須具備「他者意識」］

↓

（比起「具體案例」，「體驗」與「引用」更加有效）

內容也不能流於一味否定競爭對手的產品，而是要明確定義出自家產品的差異，確實傳達自家產品的強處。因此在對話過程中，**我們可以試著打探對方口風，了解對方重視的地方**。

必須提出理由、建立因果關係

通常歐美人士在提出主張時，一定會提出其理由。**而在透過具體案例佐證自身主張時，也會提出自己使用該具體案例的理由**。

或許因為日本人比較會寫文章，因此只要單純提出具體案例，就可以讓對方理解。但是歐美人卻認為，單純提出具體案例並不足以說服對方。

因此即便程度無法媲美歐美人士，我仍希望各位在表達自身主張時，能提出其理由。否則就只是透過感情語言互相碰撞，就如同漫畫一開始，每個人各持己見卻無法互相理解。

談話過程中，有些人在改變話題時顯得過度隨心所欲，但是**常理而言，對方一次只能理解一個話題**。因此毫無疑問地，只要富邏輯地說明某個話題，對方的注意力就能集中於該話題，進而容易理解箇中內容。

此外，談話也不可全憑感覺行事，而是要先在腦海內揣摩演練，該以怎樣的順序與對方談話，才能夠幫助對方理解。「因果關係」在此時顯得不可或缺。

在主張A與主張B之間，必須存在因果關係。若是A與B之間缺乏關聯，則邏輯性會顯得過於跳躍，乃至於缺乏重點，導致無法令對方理解。

而在結束主張A，要轉往主張B時，各位也記得要使用「那麼讓我換個話題」、「話說啊」等轉折語氣，藉此順暢地改變話題。

對立關係與辯證法

不發怒的技術

人類為何會發怒？

當然了，這世界上有許多不合理的事情，有時候我們也會遭遇到一些不合理的對待。但是大多時候無須憤怒以對，乃至於憤怒反而會令狀況變得更難以解決。

《不生氣的技術》（怒らない技術）一書上市後，在日本成為暢銷書。**然而，多數情況其實只要意識到「對立關係」，就可以控制大部分的憤怒情緒了。**（由此可見，常生氣的人頗為情感用事，缺乏邏輯思考的能力。）

之所以會生氣，是因為當事人相信自己的主觀看法絕對正確，同時想把自己的看法強加在他者身上。於此同時，對方同樣擁有自己的主觀看法，彼此間自然會發生衝突。如果不能包容彼此的主觀想法，最後就會劍拔弩張，甚至出現國家層級的戰爭。

在溝通過程當中，大家都是自認為自己才是正確的。以至於無法抑制自身情感。**但若是能具備他者意識，也就能視情況站在對方的主觀視角看事情了。**如此一來，或許能發現原本從自身角度看來全盤皆錯的言行，其實具有一定的理據。而這也將打開溝通的大門。

我想所謂「不生氣的技術」，其實就是能隨心所欲地切換至對方視角看事情，進而避免生氣的技術吧？

辯證法

有部叫做《女校男生》（おれは男だ）的日劇，而我們都知道，一個男人其實無須特地宣示「我是男人」，別人也都看得出來。而本劇特地宣示「我是男人」，則是為了讓觀眾意識到「對立關係」。

男女間因為各種因素，而存在著決定性的差異。男性主義，乃至於女性主義，都屬於邏輯面的二擇一。以婚後生活來說，要嘛就是男人當家，要嘛就是女人當家。

但若是能認同彼此的差異，善用各自長處，就能夠建立更為理想的關係。這就是「**辯證法**」（dialectic）的概念。

人們往往會認為辯證法晦澀難懂，與日常生活沒什麼關係。但事實上，辯證法的概念頗為單純，而且極其有效。

假設主張A、主張B彼此對立，且互有優劣好了。則主張A與主張B屬於「對立命題」。

如果非得從主張A與主張B做出選擇，則為二選一；單純將兩者結合，則屬於折衷方案。折衷方案的內容較為均衡，雖說缺點不見了，卻也因此乏善可陳。

因此才需要透過辯證法的概念，設法截長補短。

在進行辯證法時，必須同時捨棄、發揚並統一主張A與主張B，試著昇華至另一種層級。這稱做「揚棄」（aufheben）。希望各位在日常生活，乃至於商務場合上遇到對立命題時，可以先試著思考，該命題是否有進行揚棄的可能性。

故事中的春菜同樣面臨了對立命題。

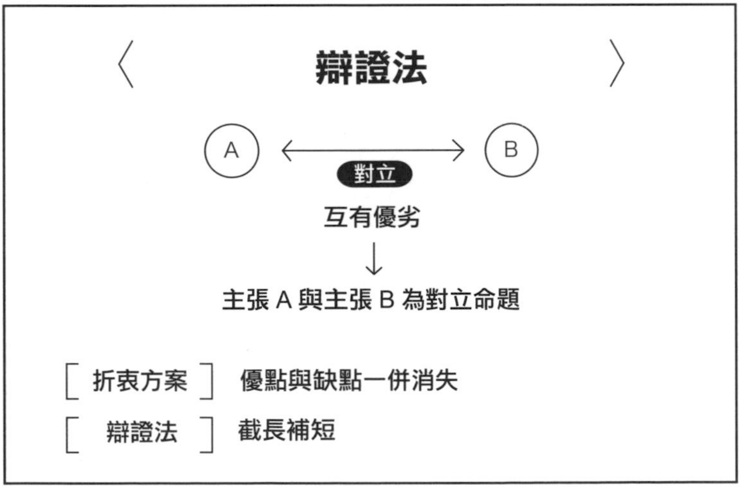

〈　**辯證法**　〉

A ⟷ B
對立
互有優劣
↓
主張A與主張B為對立命題

［ 折衷方案 ］ 優點與缺點一併消失
［ 辯證法 ］ 截長補短

一是實現自己的夢想，一是優先選擇與孝太郎的愛情。

而在二擇一的選擇題前，孝太郎卻先以辯證法的概念進行思考。他發現自己只要與春菜一起前往法國，那麼不僅能夠實現春菜的夢想，兩人間的愛情也能開花結果。因此他也迅速思考自己的下一步，並立刻付諸實踐。由此可見，孝太郎是一位能夠善用辯證法思考的人。

第 5 章

如何培養邏輯思考的能力
——擁有真正的體貼

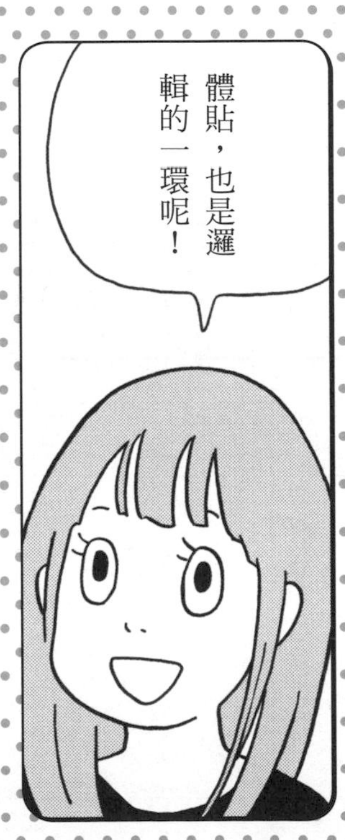

體貼，也是邏輯的一環呢！

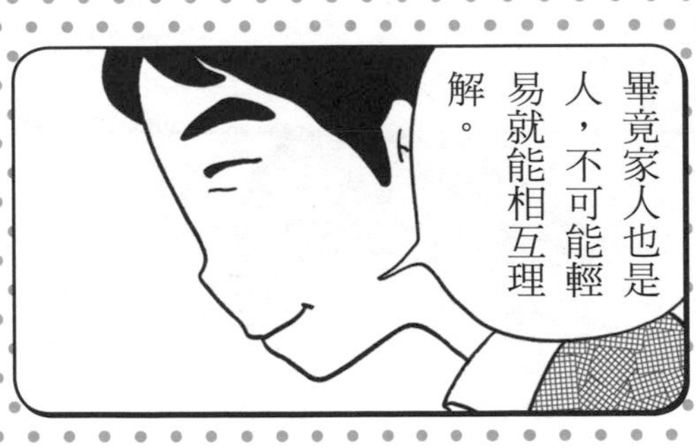

畢竟家人也是人，不可能輕易就能相互理解。

事情就是這樣的，
所以我…
決定要結婚了！
而且要去法國工作。
story 5
老爸失蹤了!?
既然妳那麼堅持了，我哪能說不呢？在法國也要加油喔！
哥哥
很猛耶！
我會帶女朋友去找妳玩的！
啃餅乾
姐姐
小春也長大了呢！
恭喜囉！
……

對啊！
老爸你不要鬧脾氣了！
啃餅乾
老公你也恭喜她一下啊！
……
我還沒認同這門婚事。
再說法國也太遠了吧。
……
我絕對不會答應的！
不管老爸你怎麼說，我都已經決定了！

這好好吃喔
我不管了。

其實老爸很捨不得妳耶。
哼！

我也不是真的…
沒頭沒腦地隨便反對啊。
這傢伙完全沒想到天下父母心…
不知道出口老師肯不肯來致詞呢？
一切都是出口老師的功勞！
我們受他很多照顧呢！
又是什麼出口老師…
畢竟出口老師他…
很了解我們的事情嘛。
來拜託他看看好了。
唔…
雖然有點小疙瘩…

結果，我還是來了。

是這間沒錯吧……

你好，請問有什麼事嗎？
啊！那個…
你好，我是小笠原岳，是小笠原春菜的父親。
幸會幸會，原來是春菜爸爸！
這裡請。
快請進！
那就打擾了。

喔～
這紅茶很好喝呢。
這款茶，是春菜店裡賣的伯爵茶唷。
春菜店裡的茶…
這樣子啊。
我應該在家裡喝過它吧？
但怎麼一點印象也沒有呢？
……
應該說我不懂茶吧…

其實我…
完全不懂女兒在想些什麼。
女兒也同樣不管我的想法。
不管是她要結婚組成家庭，
還是要去法國工作打拼。
我當然也想幫她加油。
但是，
事發突然，我實在難以接受她的決定。
抓抓
一直以來，她從小備受我們夫妻的呵護，
當然也希望她能稍微顧慮一下我們的感受…

但是，春菜她啊，
根本就把我的話當成耳邊風。
原來如此…
喵
那麼，
這樣做好嗎？
你要我
這麼做嗎!?
喵
是的。
抓抓
抓抓
抓抓
抓抓
喵嗚
喵

春菜！
啾啾啾啾啾啾……
春菜!!
睡眼惺忪
早安啊～～？
妳爸爸他…
不見了！
起床
這麼早就跑出去，真是稀奇！
不是這樣啊！

妳看，他留下的這張紙條。
我去旅行一段時間，妳們千萬別找我。老爸
咦!?
這紙條…
我去旅行一段時間，妳們千萬別找我。老爸
感覺他超希望我們去找他。
對啊…

爸爸…
因為爸爸不同意我的婚事，所以我最近都不太理他…
媽媽，
爸爸他…果然還是，
反對我結婚跟去法國工作吧？
爸爸他竟然…
這麼強烈反對。
總之，
我們先去找他吧！

拜託妳了
爸爸離家出走？好，我也去找找線索！
姐姐
他帶多少行李？
內褲跟襯衫不見了十件左右。
真假啦？很搞笑耶，話說他應該不會來找我吧？
哥哥
也對。
抱歉讓你特地跑一趟。
哪裡的話，是我該抱歉啊。
啊！
!?

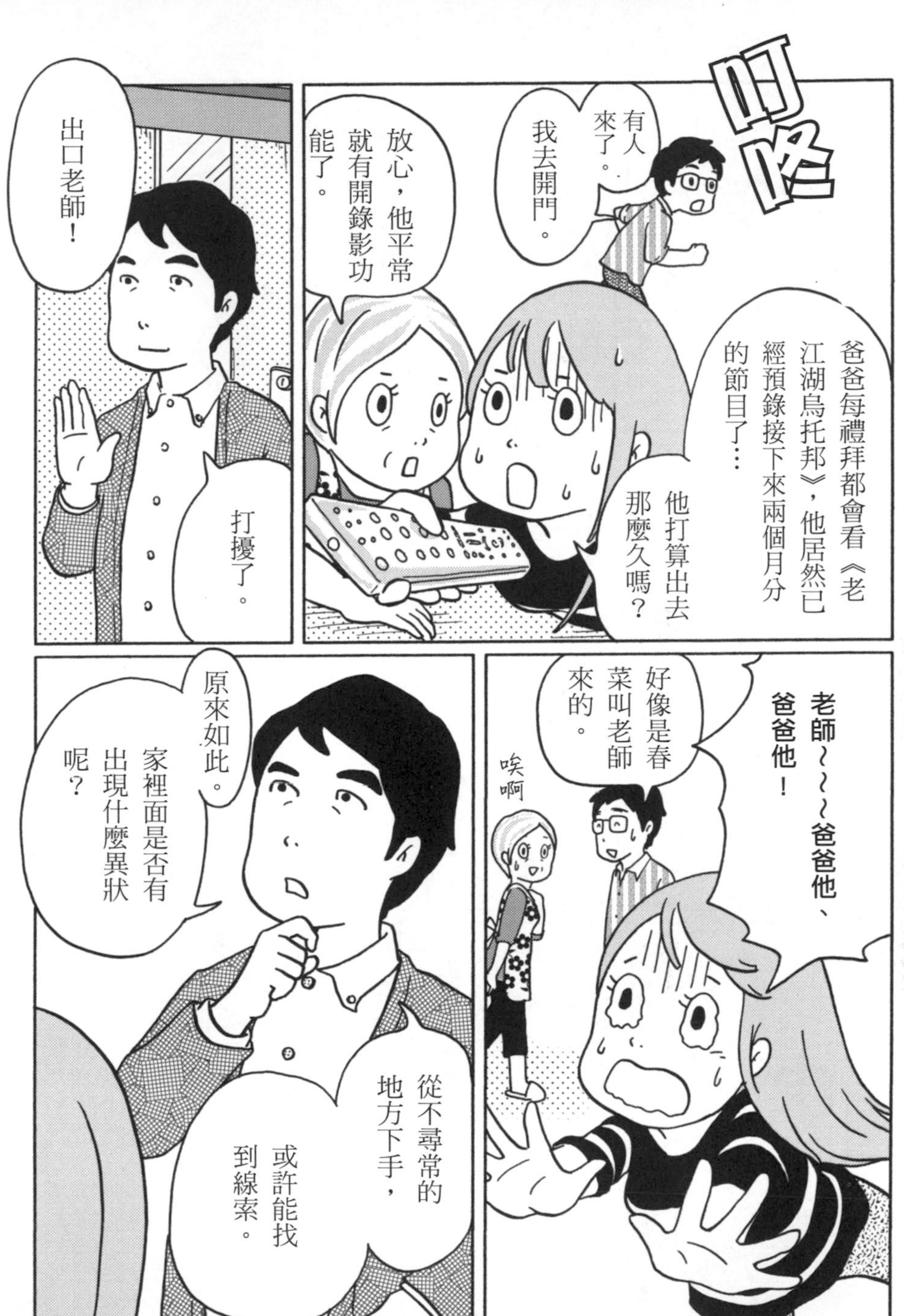
叮咚
有人來了。
我去開門。
放心，他平常就有開錄影功能了。
爸爸每禮拜都會看《老江湖烏托邦》，他居然已經預錄接下來兩個月分的節目了⋯⋯
他打算出去那麼久嗎？
出口老師！
打擾了。
老師～～～爸爸他、爸爸他！
好像是春菜叫老師來的。
唉啊
原來如此。
家裡面是否有出現什麼異狀呢？
從不尋常的地方下手，
或許能找到線索。

去爸爸的書房看看吧？
打擾了
有怪怪的地方嗎？
啊！
這台超讚的公路車是？
啊，你說那個喔⋯
他騎幾次就膩了。
我爸就是那種看中意就會去買的類型啊。
真是浪費錢。
真可惜－
啊！

只有這本書，
是反著放。
是群馬縣的地圖。
群馬？
啊！
裡面有貼標。

這裡。
是我的老家啊
該不會…？
MAP
群
群馬県
有找到線索
嗎？
有！
我們要去孝太
郎的老家看看。
這樣啊。
也好！

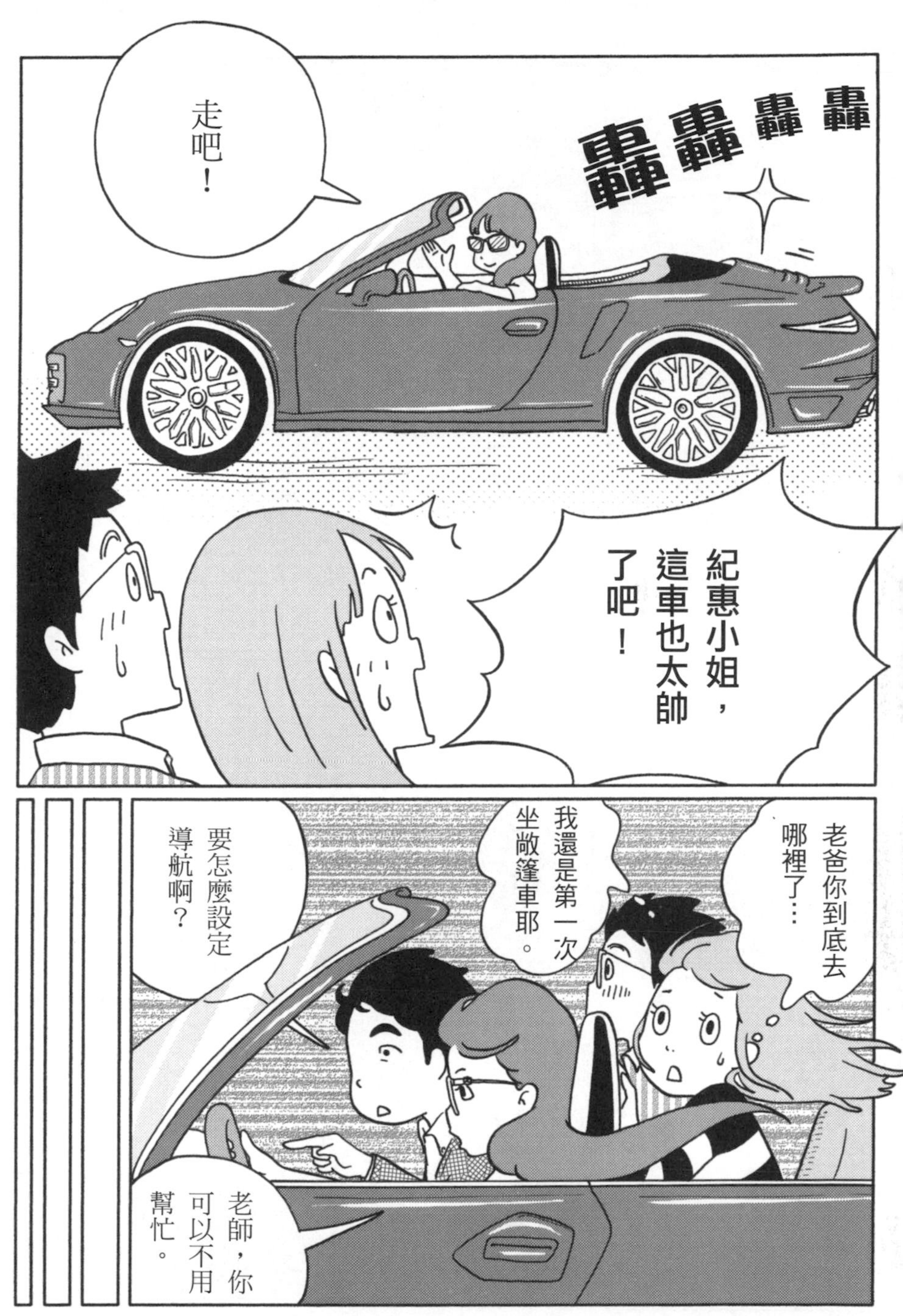
轟轟轟轟
走吧！
紀惠小姐，這車也太帥了吧！
老爸你到底去哪裡了…
我還是第一次坐敞篷車耶。
要怎麼設定導航啊？
老師，你可以不用幫忙。

因為電話打不通。所以就真的跑回來了。
這就是孝太郎的老家啊。
哇！是鄉下耶！
啊，門沒鎖，看樣子他們在家。
我也進去好嗎？
喀拉
在這裡其實不太鎖門，所以搞不好不在呢。
沒想到，真的很鄉下…
你聽，有聲音！
哇嗚嗚嗚嗚

啊！
開門
爸爸！

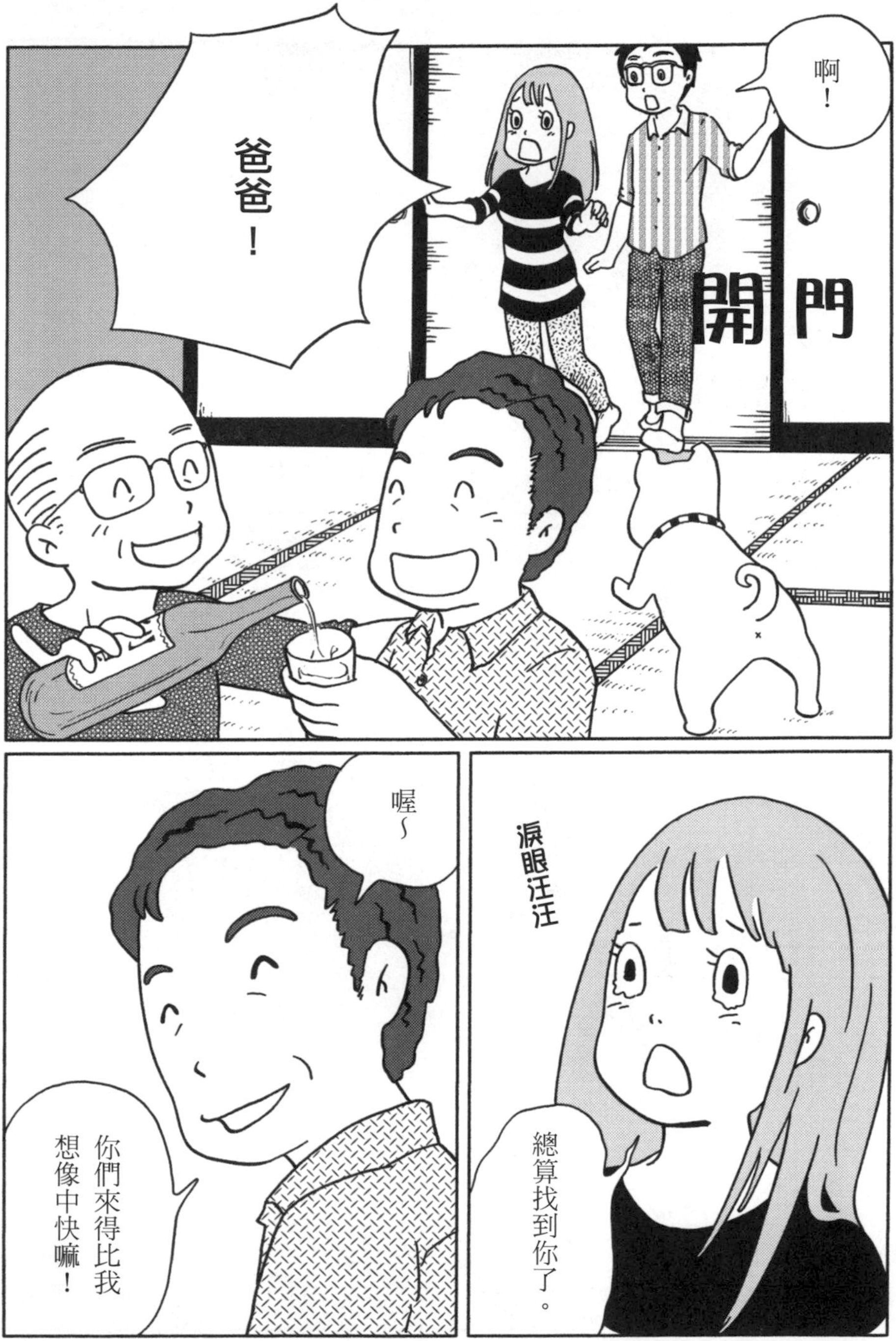

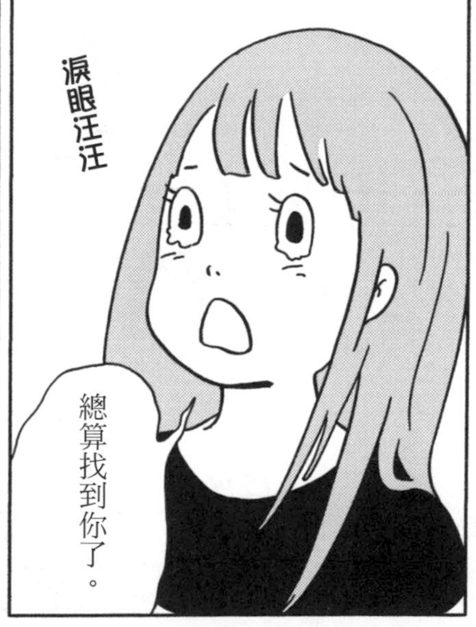

淚眼汪汪
總算找到你了。

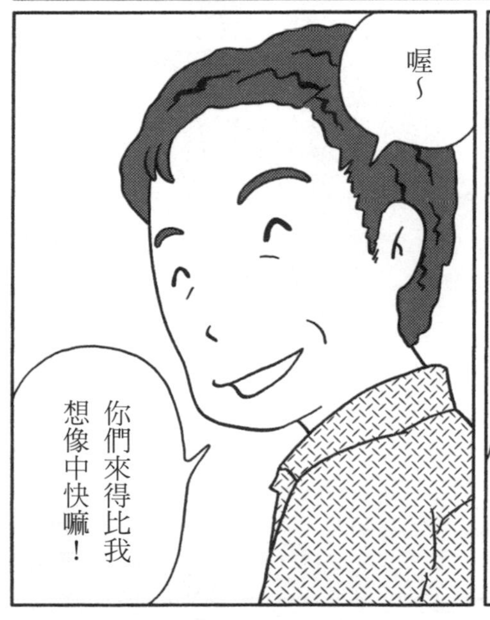

喔～
你們來得比我想像中快嘛！

是啊，他們找得比我們預想的還快。
你氣消了嗎？
消了！
其實啊⋯
你根本不懂我的心情，只會胡亂插手！
那麼，春菜爸爸你也偷偷跑去其他地方如何？
喵
幾天前，在出口老師的事務所

為了理解對方的心情，設身處地一事相當重要。
為了讓春菜能夠明白你的心情…
我們要讓她，
也體會到「突然失去重要的人」的感受。
就是那麼一回事啦！
爸爸！
你不知道我超擔心的嗎？
春菜，
爸爸我
實在是非常、非常寶貝妳啊！

其實我比誰都想替妳加油打氣。
也很希望妳能幸福。
不管妳是想結婚，還是要去法國，只要妳能幸福就好。
但是…
我也希望妳能體諒爸爸媽媽的不捨。
爸爸…
我一直以為你會很反對，現在我懂你的心情了。
哈哈
春菜…

思考對方的立場，考慮對方的心情，
這可是真正重要的事情啊！
就算是家人也不例外。
畢竟，家人也是人，不可能輕易就能相互理解。
啊！這就是他者意識，對吧？
即便是家人，也必須抱持他者意識，站在對方立場思考對方的期望。
你們不覺得這才是真正的體貼嗎？

體貼的心意啊…
我或許真的不自覺對爸爸的想法，
視而不見了呢。
我們必須先抱持他者意識，假設彼此無法輕易相互理解，
再設法理解對方立場，互相溝通。
而且即便是傳達同一件事情，
說話順序、用字遣詞不同，
有時候，有理有據的事情也可能變得令人難以接受呢。
喂！妳有聽見嗎？
有啦有啦！
我聽到了。
原來如此，
所以爸爸才會這樣說話。

為了讓對方確實理解自己，

所傳遞的內容，乃至於傳遞方式，先後順序，

諸如此類的考量，

所以，體貼也是邏輯的一環呢。
沒錯！
雖然講起來有點矯情，但是邏輯也可以說是「愛」呢。
那份愛護對方，想要更加理解彼此的心意，
才能讓邏輯能力成長茁壯啊。
爸爸！

我好幸福啊！
岳岳岳岳岳父！
請把春菜交給我！
才不要！
春菜她啊……
深受打擊
就算之後跟你跑去法國生活，
她這輩子都還是我的女兒啊！

哇
爸爸！
哼！
爸爸，因為有你們，我一直都很幸福，
但是現在開始我會跟孝太郎一起，
變得更加、更加幸福。
而且就算孝太郎禿頭了，我也有自信能繼續愛他！
光亮
春菜，別說了！

來！
看來事情都談好了。
孝太郎的媽媽
大家一起吃頓好吃的吧！
我也可以吃嗎？
四十歲頭髮就會開始稀疏囉！
這裡，這裡。
真的一模一樣呢！
汪汪汪
汪汪汪
汪汪汪
這烏龍麵很好吃呢！
這是剛剛他們教我做的喔！

所謂邏輯，即為愛

活用想像力，理解他人

邏輯思考的出發點是他者意識。

所謂他者意識，是試著站在他者視角看事情，而不是只顧自身視角。隨著看事情的視角不同，事物的表現方式、眼中所見也將大相逕庭。

修辭學（表現技巧）並非與他者意識全然無關。畢竟使用修辭學一事，也代表從不同角度去看同一件事情。

有個詞彙叫做「同情」。從前女演員安達祐實曾經在劇中飾演一位貧窮的孩童，她那句「與其同情我，還不如給我錢！」在日本更是風行一時。看樣子在人們眼裡，同情這詞彙給人的印象實在沒多好。

畢竟得到再多同情，也無法解決所遭遇的問題，還不如江湖救急，給些錢幫助改善困境比較實在。

「同情」也可以拆解為「懷抱相同的情感」。譬如，當朋友被痴戀的對象甩掉時，我們或許會試著安慰他。此時我們如果真的能夠對這位朋友的悲傷感同身受，相信字字句句都能讓對方得到溫柔的慰藉。

但說實話，這根本難若登天。當我們身處絕對安全的位置，俯瞰遭逢不幸的朋友，並口吐安慰的語句時，這不過是在看輕對方，稱不上是真正的同情。想當然耳，對方只會感到不快，甚至想要嗆聲「我才不需要你的同情！」

貨真價實的同情需要非常高的感受力，以及與對方站在相同立場的想像力。如果缺乏想像力，即便再怎麼安慰對方，也只會流於形式。

其實，**盡力活用自身想像力，站在對方視角思考一事，正是邏輯思考的最大要點**。

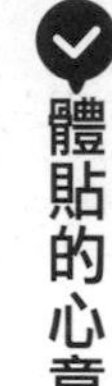

體貼的心意

「體貼」這個詞彙，也與同情有異曲同工之妙。**當我們站在對方視角看事情時，才能夠對其遭遇感同身受，進入「體貼」的境界。**

但是人類總是習慣以主觀視角看事情，以致難以真正踏入「體貼」的境界。譬如，春菜滿腦子都是自己的婚事，在這種狀態下，自然不可能會去顧及到，父親的心情有多麼寂寞。

而當她站在父親的視角看待整件事情，想到父親從小就將自己捧在手心裡呵護，而自己現在卻要離開這位對自己疼愛不已的父親，自然而然就能感受到父親的寂寞了。

雖說如此，起初由於春菜只站在自己的角度看事情，因此在她看來，父親的態度不過是單純在鬧脾氣罷了。

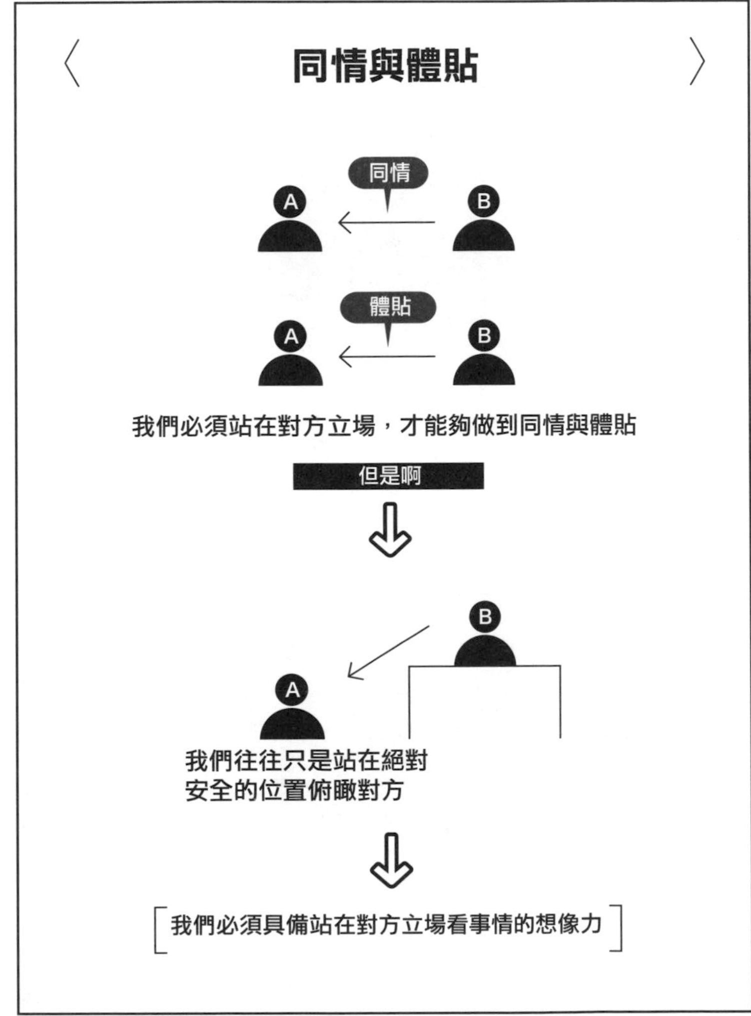
〈 同情與體貼 〉
同情
A
B
體貼
A
B
我們必須站在對方立場，才能夠做到同情與體貼
但是啊
B
A
我們往往只是站在絕對
安全的位置俯瞰對方
「我們必須具備站在對方立場看事情的想像力」

於是在漫畫當中，我擬定了一個策略，希望藉此讓春菜有機會能夠從父親的視角看事情。那就是——讓春菜的父親失蹤。

父親失蹤是帖猛藥，卻也讓春菜終於能跳脫出自身狹隘的視角，對父親那失去女兒的哀傷感同身受。

利用閱讀提升邏輯能力

培養邏輯力的方法

相信各位已經充分理解邏輯能力的重要性了，因此最後就讓我來說明，如何獲得邏輯能力吧。

其實邏輯能力在各種場合皆能發揮作用，諸如：「邏輯閱讀能力」、「邏輯思考能力」、「邏輯說話能力」、「邏輯書寫能力」等等。但是當各位想要開始培養邏輯能力時，或許又會不知從何開始。

「邏輯閱讀能力」是首先該培養的能力。畢竟當書籍文章是以不特定多數的人們（讀者）作為閱讀族群時，行文必定是條理分明。

所以在一開始，就先從「意識到邏輯」的狀態下閱讀文章吧。相信在具備這個前提下的思考，過程中能逐漸培養邏輯能力與接收資訊的敏銳度。

富邏輯地閱讀文章，並於過程中逐漸理解邏輯的使用方法後，就可以試著輸出了。**而最為簡單易上手的方式就是富邏輯地說話了**。

在與家人、同事、朋友說話時，都要意識到對方是他者，以及說話內容的邏輯。此時各位必須盡可能有條有理地說話，不可以全憑感覺行事。如此一來，隨著自身表達方式的轉變，周遭反應也將跟著改變。而在過程中，對於自身邏輯能力的進步幅度，也會馬上有所感受。

「那個人說話很好懂。」

「想與那個人談心。」

當這類評價越來越多，也就能夠側面佐證自身邏輯能力的進步。

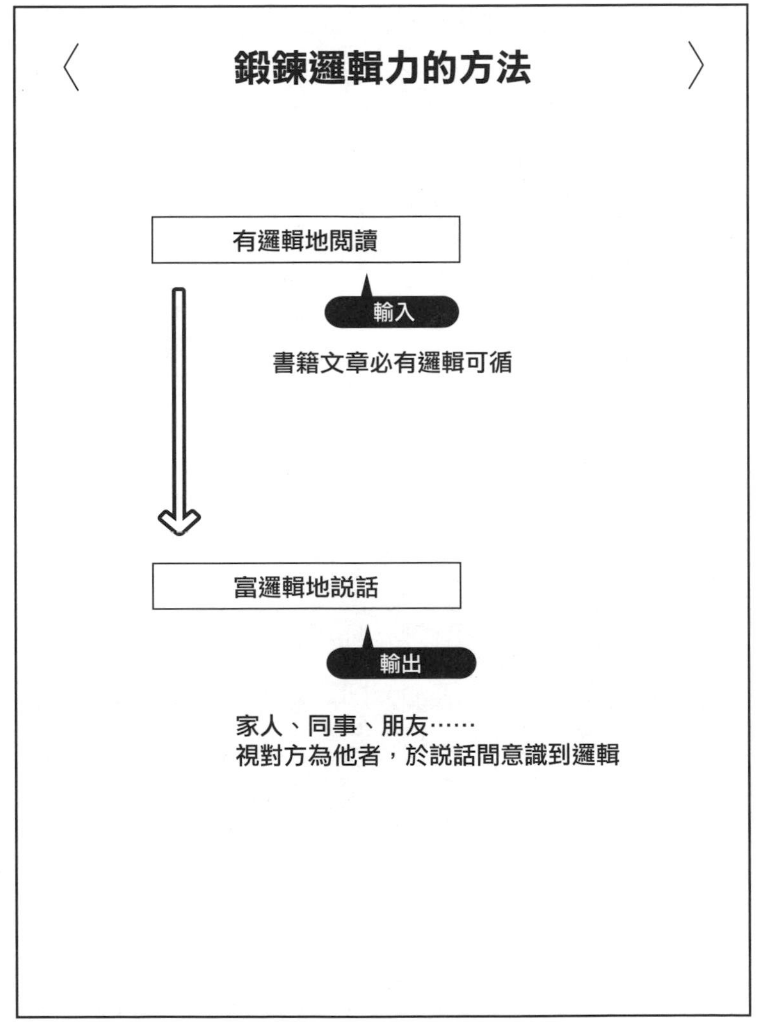
鍛鍊邏輯力的方法
有邏輯地閱讀
輸入
書籍文章必有邏輯可循
富邏輯地說話
輸出
家人、同事、朋友……
視對方為他者，於說話間意識到邏輯

何謂論證責任

透過閱讀鍛鍊邏輯能力時，建議可以選擇自己有興趣的領域。小說、隨筆等類型的書籍雖然也有鍛鍊效果，但是以效果而言，還是不如思考類、商業類來得有效。

有邏輯的文章，作者一定都有其主張。畢竟若是沒有主張，又何必大費周章寫書呢？**而當自身主張的對象是不特定多數時，則必須做到論證**。作者必須透過「等於關係」、「對立關係」、「因果關係」等三個邏輯技巧，論證自身主張。

也就是說，當一篇文章有邏輯時，作者就必須對自身文章負責任。

當書籍文章需以邏輯表述時，通常都會以粗體字呈現小標題，之後再搭配兩至三頁的篇幅去敘述。也就是說，該小標題是用來清晰呈現作者的主張，之後的文章則是用於論證小標題是否正確。而在閱讀過程當中，我們要意識到其行文邏輯，譬如：所使用的具體案例、小故事、引用技巧、譬喻技巧、理由建構等等。**藉此學習到，職業作家是如何論證自身主張，以及其思考方式**。

如上述所說，我希望各位在一開始，能夠先透過「讀解」培養邏輯能力。

一言以蔽之，就是「熟能生巧」

邏輯能力可以後天養成

所謂邏輯，亦即條理，以技巧面來看，則是種「**遵循特定用字遣詞規則的技巧**」。也可以說邏輯是一種手段，透過使用「等於關係」、「對立關係」、「因果關係」等用字遣詞規則，向他者傳達自身想法。

既然邏輯只是一種用字遣詞的技巧，那麼就表示大家自然都能學會囉。畢竟說話這項技巧也是透過後天學習、訓練，才得以養成，並非與生俱來。

我們常常會用聰明、愚笨來形容一個人，的確這部分受限於遺傳，或許可說是與生俱來的條件。

相較之下，邏輯能力則屬於後天養成的能力。因此如果缺乏邏輯能力，只是代表你過去缺乏養成邏輯能力的訓練罷了。

而比起先天的腦袋優劣，後天養成的邏輯能力反而更能在社會上發揮作用。

因此若是能盡早養成邏輯能力，相信往後的人生也可以走得更為一帆風順。

重點是熟能生巧

有個培養邏輯能力的重點，我希望各位能夠將它放在心上。那就是「**熟能生巧**」。很多人就是因為沒有理解這件事情，學習起來才會事倍功半。

既然邏輯是種特定的用字遣詞規則，我們就必須達到熟能生巧的境界，而不僅是抱持予以理解的態度，否則就無法掌握扎實的邏輯能力。

例如，在吃飯時，我們不會意識到如何使用筷子，但換做是一位初次使用筷子吃飯的外國人，相信他會意識到如何使用筷子。同理，騎腳踏車時，我們通常是駕輕就熟，無須意識到如何操作、控制方向。

也就是說，當我們每天使用筷子吃飯、騎腳踏車，過程當中會逐漸形成身體記憶，讓我們能夠下意識地使用這些技巧。

這就是「熟能生巧」！

因此運動選手會接受嚴苛的訓練，藉此讓自身的運動技巧爐火純青。

而用字遣詞同樣需要熟練。譬如，當我們透過文字語言想事情時，腦中自然會浮現詞彙，並不會意識到用字遣詞的方式。

既然邏輯也是一種用字遣詞的規則，對該規則是否駕輕就熟，自然是學習邏輯思考的關鍵。

先從「說話方式」徹底意識邏輯規則

我們已經熟悉「總覺得」等等曖昧的國語使用規則。也習慣透過感情語言，或是簡略的用字遣詞，維持流於表面的溝通。

而為了改善上述情況，**我們首先必須理解邏輯規則，並徹底意識到它的存**

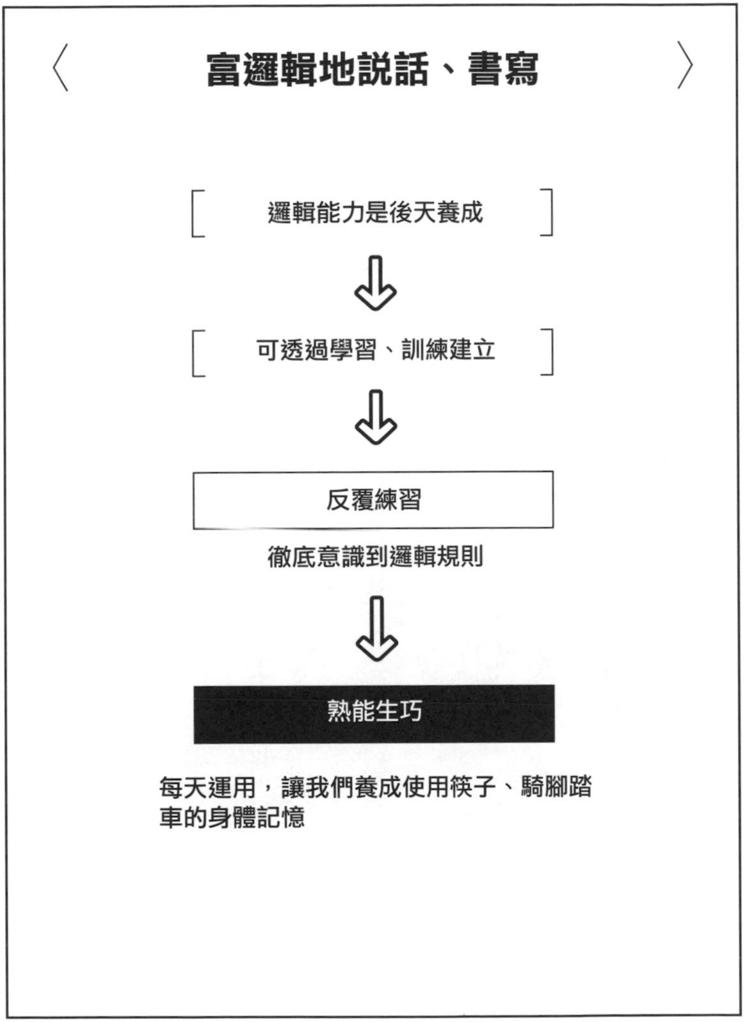

〈 富邏輯地說話、書寫 〉

［ 邏輯能力是後天養成 ］

⇩

［ 可透過學習、訓練建立 ］

⇩

反覆練習

徹底意識到邏輯規則

⇩

熟能生巧

每天運用，讓我們養成使用筷子、騎腳踏車的身體記憶

在。接下來則要有邏輯地閱讀書籍文章，再有邏輯地思考眼中所見。

書店裡面陳列有許多標榜「邏輯思考」的書籍，但是大部分都是一些需要動腦筋的謎題。當然，這類書籍本身並沒有什麼問題，但是在讀完之後，我們平常用字遣詞的方式也不會跟著改變。也就是說，就算在閱讀過程中動多少腦筋，也無法建立貨真價實的邏輯能力。

為了對邏輯能力熟能生巧，果然還是要先意識到「說話方式」。畢竟我們在這輩子當中，脫離不了從早到晚與他者說話的生活啊。

若是能具備有邏輯的說話技巧，相信周遭反應也將截然不同。以這層意思來看，我們也能夠即時驗證自己的說話方式是否有邏輯。

在說話時意識到邏輯，這是對邏輯熟能生巧的重點所在。

訓練邏輯書寫的技巧

說話與書寫的差異

意識到「說話」與「書寫」的差異，此乃一大重點。

在面對面與他者說話時，即便說話稍微欠缺邏輯，仍然可以某種程度地理解對方想法，有時也能透過表情、手勢等行為舉止達到溝通效果。

但是人類是感情動物，因此對於邏輯以外的要素，往往容易大幅受到自身好惡、心情所影響。因此與人對話時，會面臨到某些在書寫時不會遭遇到的難處。特別是當對方與自己的關係越是親近時，其他因素的重要性往往會超過邏輯能力。

相較之下，若是場合換成是在會議發言，乃至於在大批聽眾面前公開演講時，聽眾數量越多，即代表我們必須面對不特定多數的他者說話，因此即便說話方式相同，更需要具備有條理的邏輯能力，清楚闡述己身主張。

也就是說，**面對不特定多數的他者說話時，該行為與撰寫文章一事更加相似。**

當所撰寫的文章是以不特定多數作為閱讀族群時，是否具備邏輯將會變得相當重要。因此作為培養邏輯能力的最後一環，我們必須進行撰寫文章的訓練。

資訊化時代的文章

目前我們身處網路社會，任誰都可以透過電子郵件、SNS等媒體傳遞分享個人資訊。這類電子資訊與傳統的書籍相同，無法掌握誰會去複製、轉傳。

換成是過去，只有作家等特殊職業的人，才能出書。但是現在每個人都可

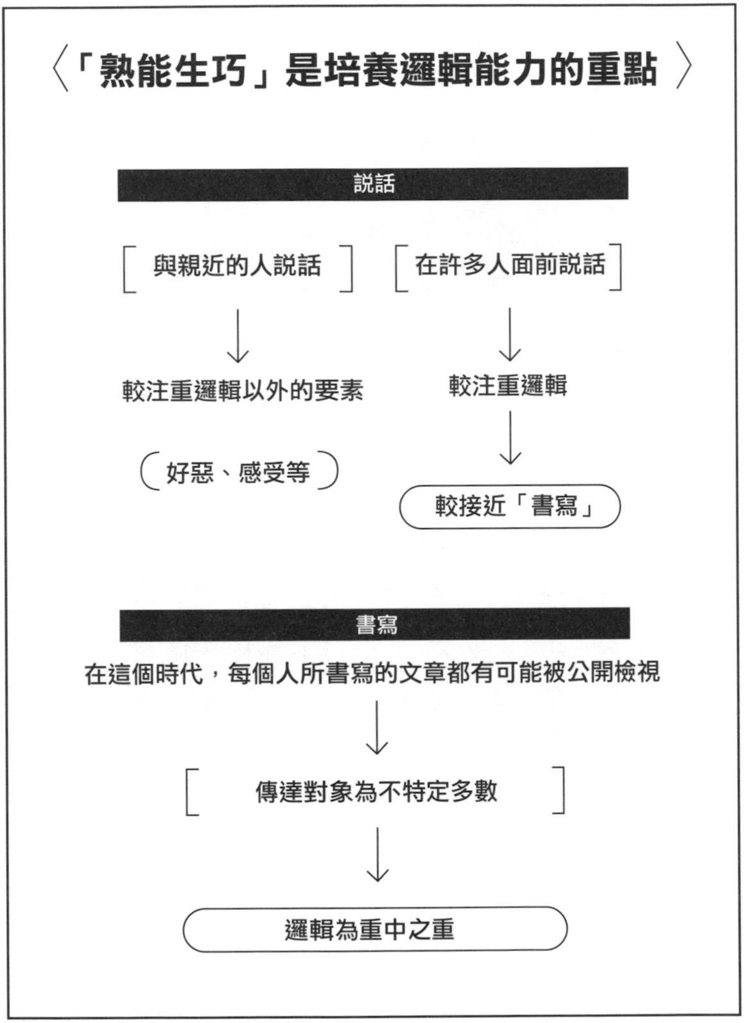

〈「熟能生巧」是培養邏輯能力的重點〉

說話

［與親近的人說話］ ［在許多人面前說話］

↓ ↓

較注重邏輯以外的要素 較注重邏輯

（好惡、感受等） ↓

較接近「書寫」

書寫

在這個時代，每個人所書寫的文章都有可能被公開檢視

↓

［傳達對象為不特定多數］

↓

邏輯為重中之重

以透過網路發送電子資訊、發表自己的想法。

然而，在為時代的進步感到美好之餘，人們卻往往輕忽其可怕。

譬如，各位隨意寫下的電子郵件，可能會被某些人複製、轉傳；或是與某人初次見面，並交換名片之後，各位也可能會立刻上網搜尋對方的部落格、臉書頁面，藉此確認對方是個怎樣的人物。即便對方在知名企業身居部長高位，若是部落格等頁面上的文章幼稚不堪，抑或是感情用事，實在也是很難泛起與其深交，乃至於建立商業關係的心情。

也就是說，**在網路撰寫文章時，我們必須以該篇文章可能被任何人閱讀作為前提**。因此邏輯能力將是重中之重的關鍵。

在這個資訊化、全球化的時代，邏輯思考的重要性高於英文能力。

而「撰寫文章」是提高邏輯思考力的最後一個環節。

獨立思考＝邏輯能力＋感性

與人為善的邏輯能力

「有邏輯的人」或許容易帶給他者諸如：一板一眼、看事情只看表面、不善解人意等負面印象。

而在本書前面的章節，我也已經充分說明這是一種誤會與刻板印象，起因於人們將邏輯二字與數學、電腦等人工語言混在一起。

邏輯的前提是他者意識，亦即人與人無法輕易理解彼此，即便如此，人們還是希望能夠設法理解彼此，將重要的想法確實傳達給對方。

因此我們必須時刻活用自身的想像力，站在對方視角看事情。

之所以要舉出具體案例，是為了方便對方理解。而「對立關係」等邏輯技巧，能夠有效幫助自身轉換看事情的角度，進而理解與自己抱持不同主張的人到底在想什麼。譬喻等修辭學技巧，則是以不同角度重新審視同一件事情。而辯證法亦是站在對方角度思考解決方案。

上述種種切換視角的技巧，其實都有助於衍生嶄新想法。畢竟當我們具備隨意自由切換視角的邏輯能力時，才能夠擺脫僵硬的思考模式，衍生出柔軟的思路。

感性與邏輯能力

我並不認為邏輯在所有事情上都是最重要的。畢竟使用邏輯這項用字遣詞規則的還是人，**而人類本身就是種難以說道理的存在**。

事實上，人類的行為並非全數有理可循。促使人類行動的動機幾乎都是欲望、好惡，乃至於莫名的熱情，實在難以透過邏輯說明。

而或許只有感性，才能夠直覺地讀取到這些動機。我認為磨練自身感性，重要性並不亞於培養邏輯能力。

但是即便感性多麼優秀，若是缺乏邏輯能力，最後也只能夠獨善其身，難以將自身想法傳達給他者。

也希望各位謹記，邏輯能力是種任誰都能學會的技巧。**因此若是能在學會邏輯能力的同時，也磨練自身感性，就能夠以最短捷徑掌握豐富的人生。**

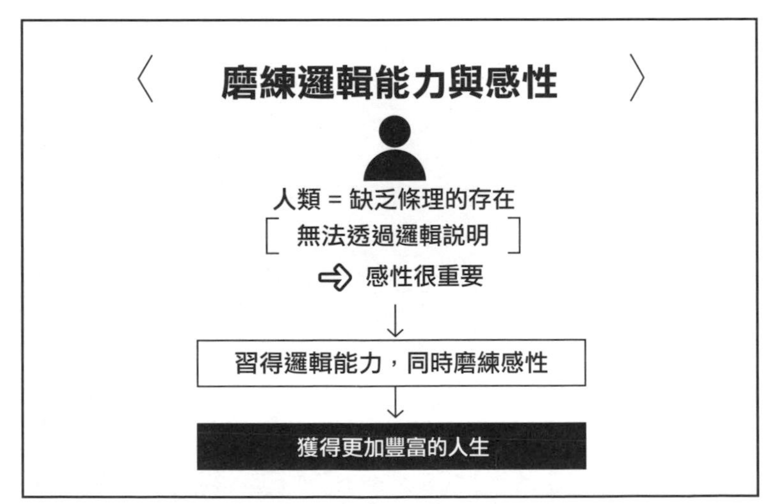

事實上，不管是邏輯能力還是感性，其實都與語言文字的使用密切相關。如果凡事只會用「不爽啦」、「吵死了」、「好微妙」打馬虎眼，自然也只具備與這類話語相符的感性了。

我們從早到晚，從出生到死亡，不管是整理資訊，抑或是發送資訊，都要持續使用語言文字。因此若是能持續磨練使用語言文字的方式，就能夠在自己心中建立更為豐富的世界。

各位不覺得，這真是一門足以改變人生的學問嗎？

Epilogue

以邏輯思考開拓人生

story 6 幸福的新生活
Bonjour！
出口老師，您好嗎？
嗨～
我目前還沒習慣店長這職位，以及與法國人共事。
老闆！
但是我正努力透過他者意識與邏輯思考與大家相互理解。
啊！店長！
我們來看看妳。

這家分店真的很棒耶！

是啊，我準備在這裡待一個月。

Vous avez choisi ?
您要點什麼呢？

最近老闆在法國陪我熟悉業務，讓我很安心，工作也漸入佳境。

孝太郎正努力學習法文。
公司的同事都很好相處，因此他每天都過得很開心。
日仏
日仏辞典
而且前幾天爸爸居然把自行車寄給他了。
您還記得嗎？就是那台放在爸爸書房裡的自行車。
吼——
運費搞不好就比車子本身還貴了吧？
不會啦，這傢伙的價值可比運費高多了。
明明車身很乾淨，孝太郎卻每天都要擦一遍。
媽媽則繼續跟松田太太、早川太太享受刺繡的樂趣。
雖然聽說她們前陣子因為「哪種蛋糕最好吃」而吵了一架。

這也很好吃耶
嗯
這也不錯啊
但是似乎沒過多久就和好了。
對了對了！聽說老師您送了兩隻小貓給爸爸。
我哥好像超喜歡牠們倆，所以最近很常跑回老家露臉。
說了您可能不會相信，爸爸現在每星期好像都會跟我哥去釣魚呢！
土爆了！這戴了能看嗎！
真搞笑
我也幫你準備帽子囉。
目的是為了帶新鮮的魚回去給小貓們吃。

大家都很幸福。
我想這一切都是因為老師您教會我們邏輯思考的技術。
您在看春菜的信嗎？
喵——
還有照片呢。
有了邏輯，我們才能夠透過對話彼此理解啊。

多虧有邏輯思考，我們才能如此幸福！
fin.

結語

思考斷捨離——化繁為簡的邏輯思考

人類是社會動物，無法獨自過活。人際關係往往會決定事物動向。也正因為人類是感情動物，所以往往難以避免一些原本不應發生的紛爭。

而我撰寫本書的動機之一，就是希望人們能善用「邏輯」這項武器，消弭無謂的誤解與紛爭，進而讓人際關係更加圓滑。

譬如，春菜周遭發生了數起紛爭，其實也都是人類情感所造成的。如果彼此能夠具備他者意識，有邏輯的傳達自身感受，相信都不會演變成太大的麻煩。

當然了，有時候光靠邏輯並沒有辦法解決問題，如果一味強調邏輯，反而可能讓人感覺一板一眼，缺乏人情味。

但令人意外的，即便是多麼複雜的事物，若是能夠過邏輯這項武器加以整理，有時候也能輕易發現解決之道。換言之，若是思考事物時缺乏邏輯，則問題將遲遲無法獲得解決，最後往往會流於感情用事，草草處理收場。毫無疑問地，是否具備邏輯思考的技術，將會對人生產生相當大的影響。

邏輯不只能幫助我們正確地傳達自身想法，也是從事智慧活動不可或缺的能力。

生在現代的我們之所以能夠理解前人智慧，也是多虧有邏輯這項手段呢。而我們所構思的嶄新智慧，也是因為有邏輯這項手段，才能夠跨越國境限制，傳達給各個國家的人們，乃至於後世子孫。我們只要掌握邏輯思考的技術，就能夠隨時造訪取之不竭的知識泉源。

衷心期盼各位能夠透過閱讀本書，發現邏輯有趣的地方，進而贏得豐饒美好的人生。

漫畫 邏輯思考的技術

這樣思考不卡關，即刻掌握思辨能力與表達技巧

マンガでやさしくわかる論理思考

作　　者　出口 汪
繪　　者　設樂mina子
譯　　者　謝承翰
副總編輯　李映慧
編　　輯　林玟萱

總 編 輯　陳旭華
電　　郵　ymal@ms14.hinet.net

社　　長　郭重興
發行人兼出版總監　曾大福
出　　版　大牌出版 / 遠足文化事業股份有限公司
發　　行　遠足文化事業股份有限公司
地　　址　23141 新北市新店區民權路108-2號9樓
電　　話　+886- 2- 2218 1417
傳　　真　+886- 2- 8667 1851

印務主任　黃禮賢
封面設計　萬勝安
排　　版　極翔企業有限公司
印　　刷　中原造像股份有限公司
法律顧問　華洋法律事務所 蘇文生律師

定　　價　300 元
初版一刷　2017年05月

Original Japanese edition published by JMA Management Center Inc.

This Traditional Chinese language edition is published by arrangement with JMA Management Center Inc., Tokyo in care of Tuttle-Mori Agency, Inc., Tokyo through AMANN CO., LTD. Taipei.

國家圖書館出版品預行編目資料

漫畫 邏輯思考的技術：這樣思考不卡關，即刻掌握思辨能力與表達技巧／出口汪著 ; 設樂mina子繪 ; 謝承翰譯.

初版. -- 新北市 : 大牌出版 : 遠足文化發行, 2016.11 面 ;　公分
譯自 : マンガでやさしくわかる論理思考

ISBN 978-986-94613-0-6(平裝)

1.思考 2.邏輯 3.漫畫

176.4　　106004060